Parallelo

Mathematik

7 Basisaufgaben
Niedersachsen

Erarbeitet von
Bernd Bolduan (Wiefelstede)
Vera Kuckuck (Großhansdorf)
Katharina Perbandt (Lemwerder)

Beraten von
Judith Decreßin (Hannover)
Christina Kapitza (Osnabrück)
Christa Meyer (Löningen)

Cornelsen

Parallelo
Mathematik

7 Basisaufgaben
Niedersachsen

Teile dieses Unterrichtswerkes basieren des Weiteren auf Inhalten von:
Susanne Batzer, Martin Cichon, Jeannine Kreuz, Knut Kumpe, Jessica Pfeffer, Martin Wachter, Rainer Zillgens

Beraten von: Susanne Kuß, Ronald Sturm, Dr. Michael Unger

Redaktion: Viola Moncada
Illustration: Raimo Bergt
Grafik: Christian Böhning
Umschlaggestaltung und Layoutkonzept: Studio SYBERG, Berlin
Layout und technische Umsetzung: Straive

Begleitmaterial zum Lehrwerk

Schulbuch	978-3-06-004906-6	Schulbuch als E-Book mit Medien	1100025294
Arbeitsheft	978-3-06-004924-0	Unterrichtsmanager Plus mit	
Arbeitsheft für Lernende		E-Book und Begleitmaterialien	978-3-06-004015-5
mit erhöhtem Förderbedarf		Diagnose und Fördern online	
für den inklusiven Unterricht	978-3-06-005210-3		
Lehrkräftefassung	978-3-06-004765-9		
Lösungen zum Schulbuch	978-3-06-004931-8		
Handreichungen	978-3-06-004948-6		

www.cornelsen.de

Alle Drucke dieser Auflage sind inhaltlich unverändert und können im Unterricht nebeneinander verwendet werden.

Druck und Bindung: Mohn Media Mohndruck, Gütersloh

1. Auflage, 1. Druck 2022
978-3-06-004942-4

PEFC zertifiziert
Dieses Produkt stammt aus nachhaltig
bewirtschafteten Wäldern und kontrollierten
Quellen.

PEFC
PEFC/04-31-1033

www.pefc.de

Mit Brüchen rechnen

Brüche addieren und subtrahieren _____ 9
   Methode Mit gemischten Zahlen rechnen _____ 10
Strategie Anteile von Größen _____ 12
Mit Brüchen multiplizieren _____ 15
Mit Brüchen dividieren _____ 18

Rationale Zahlen

Rationale Zahlen darstellen und vergleichen _____ 33
   Strategie Schlüsselwörter für Vorzeichen _____ 33
   Info Der Betrag _____ 34
 + **Methode** Rationale Zahlen im Koordinatensystem ___ 35
 + **Thema** Zunahme und Abnahme _____ 37
Rationale Zahlen addieren _____ 40
Rationale Zahlen subtrahieren _____ 43
   Methode Vereinfachte Schreibweise _____ 44
 + **Methode** Vorteilhaft addieren und subtrahieren _____ 46
Rationale Zahlen multiplizieren _____ 49
Rationale Zahlen dividieren _____ 51
Methode Vorteilhaft rechnen _____ 52

Dreiecke untersuchen und konstruieren

Winkel an Geradenkreuzungen _____ 67
 + **Strategie** Winkelsumme im Dreieck begründen _____ 69
Dreiecke beschreiben _____ 71
Dreiecke konstruieren: SWS (Seite-Winkel-Seite) _____ 73
Dreiecke konstruieren: WSW (Winkel-Seite-Winkel) _____ 76
Dreiecke konstruieren: SSS (Seite-Seite-Seite) _____ 79
Dreiecke konstruieren: SsW (Seite-Seite-Winkel) _____ 82
  Methode Dreiecke mit DGS konstruieren _____ 84

Zuordnungen

Zuordnungen erkennen und beschreiben _____ 97
Proportionale Zuordnungen erkennen _____ 100
Dreisatz bei proportionalen Zuordnungen _____ 103
Strategie Schätzen über Vergleichsgrößen _____ 105
Antiproportionale Zuordnungen erkennen _____ 107
Dreisatz bei antiproportionalen Zuordnungen _____ 110
Strategie Proportional oder antiproportional? _____ 112

Terme und Gleichungen

Muster und Zahlenfolgen _____ 127
Variable und Terme _____ 129
Terme addieren und subtrahieren _____ 131
Terme multiplizieren und dividieren _____ 134
Strategie Terme aufstellen _____ 136
Methode Terme mit dem Computer berechnen _____ 138
Gleichungen lösen _____ 140
Strategie Sachaufgaben mithilfe von Gleichungen lösen _____ 142

Prozentrechnung

Anteile und Prozente _____ 157
   Methode Absoluter und relativer Vergleich _____ 158
Begriffe der Prozentrechnung _____ 160
   Strategie Schlüsselwörter _____ 160
Prozentwert berechnen _____ 162
Prozentsatz berechnen _____ 165
Methode Prozentsätze mit dem Computer berechnen _____ 167
Grundwert berechnen _____ 169
Thema Zinsrechnung _____ 171
Methode Kreisdiagramme lesen _____ 172
Methode Kreisdiagramme zeichnen _____ 173

Zufall und Wahrscheinlichkeit

Zufallsexperimente _____ 187
Laplace-Experimente _____ 190
Wahrscheinlichkeit von Ereignissen _____ 192
✛ Zweistufige Zufallsexperimente _____ 195
  Methode Ziehen ohne Zurücklegen _____ 196
Wahrscheinlichkeit und relative Häufigkeit _____ 198
  Methode Anzahlen schätzen mithilfe von
  Wahrscheinlichkeiten _____ 199

Abbildungen und Grundkonstruktionen

Achsenspiegelung _____ 211
Drehung und Punktspiegelung _____ 213
Mittelsenkrechte _____ 216
  Info Der Umkreis _____ 217
  Methode Mittelsenkrechte mit DGS konstruieren _____ 217
Winkelhalbierende _____ 219
  Info Der Inkreis _____ 220
  Methode Winkelhalbierende mit DGS konstruieren ___ 220
Thema Besondere Linien im Dreieck _____ 221
✛ Thema Satz des Thales _____ 222
  Methode Rechtwinklige Dreiecke mit DGS konstruieren 223

Anhang

Bildquellenverzeichnis _____

Die Lösungen können unter https://www.cornelsen.de/codes/code/giqoro abgerufen werden.

Mit Brüchen rechnen

In diesem Kapitel lernst du …

→ Brüche zu addieren und zu subtrahieren.
→ Brüche miteinander zu multiplizieren.
→ Brüche zu dividieren.

Tomatensuppe (für 5 Personen)
$1\frac{1}{2}$ kg Tomaten
2 Zwiebeln
etwas Tomatenmark
Salz, Pfeffer, Thymian
$\frac{3}{4}$ ℓ Gemüsebrühe

Zu einer Party kommen 15 Personen. Es soll Tomatensuppe geben.
Wie viele Liter Gemüsebrühe braucht man dafür? Und wie viele kg Tomaten?

ANWENDEN

1 Schreibe die Aufgabe ins Heft und löse sie. Erkläre.

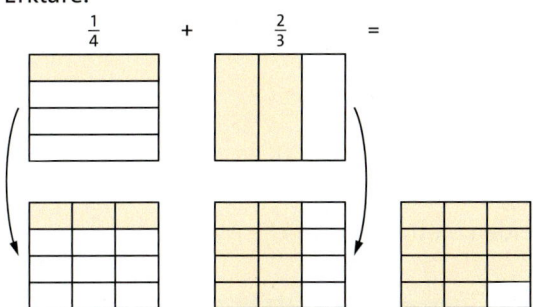

$$\frac{1}{4} \quad + \quad \frac{2}{3} \quad =$$

Tipp Beide Nenner müssen gleich sein. Der Nenner gibt an, in wie viele gleich große Teile das Ganze geteilt wird.

2 Berechne.

Tipp Du musst nur einen Bruch erweitern.

a) $\frac{1}{6} + \frac{5}{12} = \frac{1 \cdot \blacksquare}{6 \cdot \blacksquare} + \frac{5}{12} = \ldots$

b) $\frac{3}{8} - \frac{1}{4} = \frac{3}{8} - \frac{1 \cdot \blacksquare}{4 \cdot \blacksquare} = \ldots$

Tipp Beide Nenner müssen gleich sein. Erst dann kannst du addieren oder subtrahieren.

3 Malte addiert $\frac{4}{7} + \frac{1}{5}$. Ordne jeder Rechnung eine Erklärung zu.

① $7 \cdot 5 = 35$

② $\frac{4 \cdot 5}{7 \cdot 5} = \frac{20}{35}$

③ $\frac{1 \cdot 7}{5 \cdot 7} = \frac{7}{35}$

④ $\frac{4}{7} + \frac{1}{5}$

$= \frac{20}{35} + \frac{7}{35}$

$= \frac{20 + 7}{35} = \frac{27}{35}$

Ⓐ $\frac{1}{5}$ mit 7 erweitern

Ⓑ die erweiterten Brüche aufschreiben, die Zähler addieren, der Nenner bleibt gleich

Ⓒ $\frac{4}{7}$ mit 5 erweitern

Ⓓ einen gemeinsamen Nenner finden

Tipp Jedem Rechenschritt muss die passende Erklärung zugeordnet werden.

4 Berechne.

Tipp Du musst beide Brüche erweitern.

a) $\frac{1}{2} + \frac{2}{5} = \frac{1 \cdot \blacksquare}{2 \cdot \blacksquare} + \frac{2 \cdot \blacksquare}{5 \cdot \blacksquare} = \ldots$

b) $\frac{3}{5} - \frac{1}{6} = \frac{3 \cdot \blacksquare}{5 \cdot \blacksquare} - \frac{1 \cdot \blacksquare}{6 \cdot \blacksquare} = \ldots$

Tipp zu a)

$\frac{1}{2} + \frac{2}{5} = \frac{1 \cdot \blacksquare}{2 \cdot \blacksquare} + \frac{2 \cdot \blacksquare}{5 \cdot \blacksquare} = \ldots$

Mit welcher Zahl musst du erweitern, damit die Nenner gleich werden?

5 Bilde 3 Aufgaben. Subtrahiere.

Tipp Du musst dreimal rechnen.

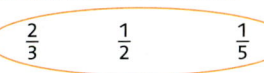

$$\frac{3}{4} - \qquad \frac{2}{3} \qquad \frac{1}{2} \qquad \frac{1}{5}$$

Tipp Erweitere die Brüche, damit sie den gleichen Nenner haben. Dann kannst du die Zähler subtrahieren.

6 Finde und erkläre die Fehler. Berichtige dann in deinem Heft.

a) $\frac{5}{6} + \frac{2}{6} = \frac{7}{12}$

b) $\frac{7}{15} + \frac{2}{5} = \frac{7}{15} + \frac{6}{15} = \frac{11}{15}$

c) $\frac{5}{12} - \frac{2}{7} = \frac{3}{5}$

d) $\frac{6}{8} - \frac{1}{4} = \frac{6}{8} - \frac{1}{8} = \frac{5}{8}$

e) $\frac{4}{5} + \frac{3}{9} = \frac{4}{45} + \frac{3}{45} = \frac{7}{45}$

f) $\frac{6}{7} - \frac{2}{6} = \frac{8}{13}$

7 Theo isst $\frac{5}{8}$ der Pizza.
Kati bekommt den Rest der Pizza.
Welchen Anteil bekommt Kati?
Beschreibe dein Vorgehen.

Tipp Die ganze Pizza ist ein Ganzes, also 1.

Hinweis
*Der kleinste gemeinsame Nenner heißt **Hauptnenner**.*

8 👥 Erklärt, wie Tanja und Serkan einen gemeinsamen Nenner finden.
Ergänzt Tanjas und Serkans Rechnung im Heft.
Nennt Vorteile und Nachteile der beiden Methoden. Welche Methode findest du besser?

Ich suche mit den Vielfachen-Mengen den Hauptnenner.

Ich multipliziere einfach über Kreuz.

$\frac{7}{16} + \frac{5}{12}$
gemeinsamer Nenner?

$V_{16} = \{16; 34; \boxed{48}; 64; ...\}$
$V_{12} = \{12; 24; 36; \boxed{48}; ...\}$

$\frac{■ + ■}{48}$

$\frac{7}{16} + \frac{5}{18}$ gemeinsamer Nenner: $16 \cdot 18 = 288$
über Kreuz multiplizieren:
$7 \cdot 18 = 126$
$5 \cdot 16 = 80$

$\frac{126 + 80}{288}$

9 Berechne.

a) $\frac{3}{5} + \frac{1}{2}$

b) $\frac{5}{7} + \frac{1}{4}$

c) $\frac{3}{8} + \frac{5}{9}$

d) $\frac{4}{9} - \frac{3}{18}$

e) $\frac{5}{6} - \frac{1}{10}$

f) $\frac{5}{11} - \frac{7}{33}$

$\boxed{1\frac{1}{10}}$ $\boxed{\frac{27}{28}}$ $\boxed{\frac{67}{72}}$ $\boxed{\frac{5}{18}}$ $\boxed{\frac{11}{15}}$ $\boxed{\frac{8}{33}}$

Tipp Schreibe zuerst die Vielfachen-Mengen der Nenner auf.
Finde dann einen gemeinsamen Nenner.

10 Luzias Müsli besteht zu $\frac{1}{4}$ aus Nüssen, zu $\frac{2}{3}$ aus Haferflocken und aus Schokostücken.
Welchen Anteil haben die Schokostücke?

Tipp Das ganze Müsli ist ein Ganzes, also 1.
Addiere zuerst $\frac{1}{4}$ und $\frac{2}{3}$.
Bestimme dann, wie viel bis zu einem Ganzen fehlt.

Methode Mit gemischten Zahlen rechnen
Gemischte Zahlen addieren:
Addiere erst die Ganzen, dann die Brüche:
$2\frac{1}{4} + 5\frac{2}{3} = 2 + 5 + \frac{1}{4} + \frac{2}{3}$
$= 7 + \frac{3+8}{12} = 7\frac{11}{12}$

Gemischte Zahlen subtrahieren:
Rechne zuerst die gemischten Zahlen in unechte Brüche um:
$4\frac{1}{3} - 3\frac{2}{5} = \frac{13}{3} - \frac{17}{5}$
$= \frac{65 - 51}{15} = \frac{14}{15}$

11 Addiere die gemischten Zahlen.

a) $3\frac{1}{2} + 1\frac{3}{8}$

b) $9\frac{2}{21} + 2\frac{1}{7}$

c) $4\frac{3}{5} + 7\frac{2}{3}$

d) $10\frac{2}{7} + 6\frac{3}{8}$

e) $6\frac{1}{3} + 12\frac{3}{7}$

f) $8\frac{4}{5} + 13\frac{1}{8}$

12 Subtrahiere die gemischten Zahlen.

a) $3\frac{2}{3} - 2\frac{2}{15}$

b) $5\frac{1}{12} - 4\frac{2}{3}$

c) $1\frac{4}{9} - \frac{3}{10}$

d) $3\frac{1}{10} - 2\frac{3}{4}$

e) $7\frac{1}{5} - 6\frac{3}{10}$

f) $3\frac{4}{5} - 2\frac{7}{8}$

13 Schreibe das Ergebnis als gemischte Zahl.

Tipp Rechne bei der Subtraktion zuerst in unechte Brüche um.

a) $4\frac{3}{5} + 2\frac{4}{5}$ 　　　　 b) $1\frac{3}{8} + 2\frac{3}{4}$

c) $3\frac{5}{6} + 2\frac{1}{4}$ 　　　　 d) $4\frac{1}{2} - 2\frac{3}{4}$

e) $2\frac{7}{10} - 1\frac{3}{5}$ 　　　　 f) $5\frac{5}{8} - 2\frac{1}{2}$

Tipp zu a)

$4\frac{3}{5} + 2\frac{4}{5} = 4 + 2 + \frac{3}{5} + \frac{4}{5} = \blacksquare + \blacksquare = \dots$

14 Berechne im Kopf.

a) $1 - \frac{1}{2}$ 　　 b) $1 - \frac{3}{4}$ 　　 c) $2 - \frac{1}{3}$

d) $2 - \frac{2}{3}$ 　　 e) $3 - \frac{1}{5}$ 　　 f) $2 - \frac{3}{5}$

Tipp zu b) $1 = \frac{4}{4}$

　　　 zu c) $1 = \frac{2}{2}$

15 Finde und erkläre die Fehler. Berichtige dann in deinem Heft.

a) $2\frac{3}{7} + \frac{2}{7} = \frac{5}{7} + \frac{2}{7} = \frac{7}{7} = 1$

b) $4\frac{5}{9} - 3 = 4\frac{5-3}{9} = 4\frac{2}{9}$

c) $5\frac{4}{5} + 2\frac{3}{5} = 7\frac{7}{10}$

d) $3\frac{1}{4} - 1\frac{1}{4} = 2\frac{1}{4}$

16 Übertrage die Rechenmauer. Addiere.

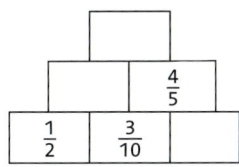

Tipp Addiere immer zwei Steine, die nebeneinander sind. Das Ergebnis schreibst du in den Stein darüber.

17 Übertrage in dein Heft. Berechne.

a) $20\frac{3}{4} \xrightarrow{-1\frac{1}{4}} \boxed{} \xrightarrow{+2\frac{3}{4}} \boxed{} \xrightarrow{-3\frac{5}{6}} \boxed{} \xrightarrow{+\blacksquare\frac{\blacksquare}{\blacksquare}} 22$

Tipp Fange hinten an. Hier musst du rückwärts rechnen.

b) $\boxed{} \xrightarrow{-3\frac{1}{4}} \boxed{} \xrightarrow{-7\frac{7}{12}} \boxed{} \xrightarrow{+5\frac{2}{3}} \boxed{} \xrightarrow{-3\frac{2}{3}} 2$

18 Der Obstverkäufer hat 12 kg Äpfel. Er verkauft $6\frac{1}{4}$ kg davon. Wie viel kg Äpfel bleiben übrig?

Tipp Hier musst du subtrahieren.

19 Auf den Würfeln stehen die Brüche $\frac{1}{2}, \frac{1}{3}, \frac{1}{4}, \frac{1}{5}, \frac{1}{6}$ und $\frac{1}{8}$.

a) Bilde **Additions**aufgaben mit 2 Summanden und berechne.

b) Bilde **Additions**aufgaben mit 3 Summanden.

c) Welches ist das größte Ergebnis für eine **Additions**aufgabe mit 4 Würfeln?

d) 👥 Stellt euch gegenseitig verschiedene **Subtraktion**saufgaben.

Strategie Anteile von Größen

1 Wie viele Minuten sind eine
$\frac{3}{4}$ Stunde?
a) Erkläre zuerst:
   Was passiert in Schritt ①?
   Was passiert in Schritt ②?
b) Bestimme die Minuten.
   Erinnere dich: 1 Stunde = 60 min

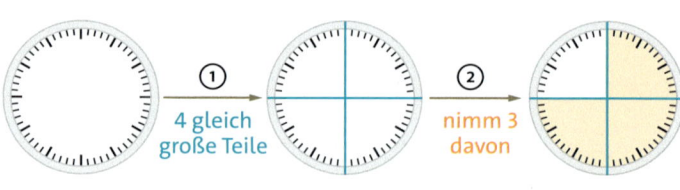

① 4 gleich große Teile   ② nimm 3 davon

Der Nenner eines Bruchs gibt an,
in wie viele gleich große Teile das Ganze
geteilt wird.
Der Zähler gibt an, wie viele Teile davon
genommen werden.

Das ist auch so, wenn man **Anteile von
Größen** bestimmt.

So berechnet man **Anteile von Größen**:
① Dividiere die Größe durch den Nenner.
② Multipliziere das Ergebnis mit dem Zähler.

Beispiel 1 $\frac{3}{4}$ von 800 g

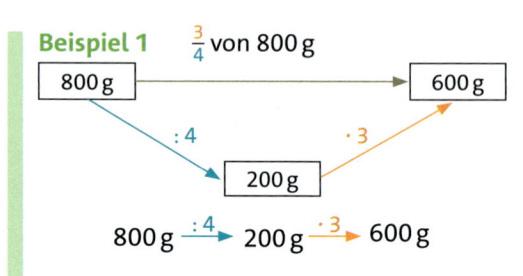

$$800\,g \xrightarrow{:4} 200\,g \xrightarrow{\cdot 3} 600\,g$$

Beispiel 2 $\frac{3}{7}$ von 28 m
28 m : 7 = 4 m   und
4 m · 3 = 12 m

ANWENDEN

1 Wie viel sind $\frac{5}{6}$ von 60 cm?
Übertrage in dein Heft und berechne.
Erkläre, wie du vorgegangen bist.

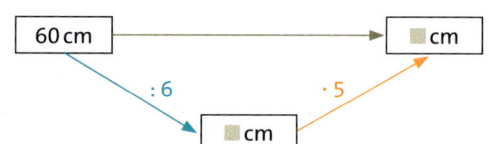

2 Übertrage und berechne.
a) $\frac{2}{5}$ von 15 €: 15 € $\xrightarrow{:5}$ ▨ € $\xrightarrow{\cdot 2}$ ▨ €
b) $\frac{1}{3}$ von 30 m: 30 m $\xrightarrow{:3}$ ▨ m $\xrightarrow{\cdot 1}$ ▨ m

Tipp Teile als Erstes durch den Nenner.
Multipliziere dann mit dem Zähler.

3 Berechne die Größen.
a) $\frac{3}{4}$ von 20 €   b) $\frac{2}{3}$ von 15 cm
c) $\frac{3}{5}$ von 10 m   d) $\frac{1}{6}$ von 36 g
e) $\frac{1}{2}$ von 8 kg   f) $\frac{1}{4}$ von 12 mm

Tipp Schreibe mit Pfeilen.
zu a) 20 € → ▨ € → ▨ €

4 Berichtige und erkläre die Fehler.

a) $\frac{5}{6}$ von 30 m

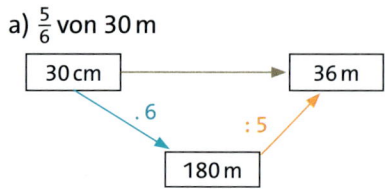

b) $\frac{3}{7}$ von 21 €
21 € $\xrightarrow{:3}$ 7 € $\xrightarrow{\cdot 7}$ 49 €

c) $\frac{2}{3}$ von 12 kg
12 kg : 3 = 4 kg
und
12 kg · 2 = 24 kg

Methode Anteile berechnen mit Umrechnen

$\frac{3}{5}$ von 1 m

Hier muss man zuerst in die kleinere Einheit umrechnen.

1 m = 100 cm				
20 cm	20 cm	20 cm	20 cm	20 cm

Rechnung: 100 cm : 5 = 20 cm   und
                20 cm · 3 = 60 cm

5 Berechne die Größen.
a) Wie viel sind $\frac{4}{5}$ von 1 m?
    100 cm : 5 = ■ und ...
b) Wie viel sind $\frac{7}{10}$ von 1 m?
    100 cm : 10 = ■ und ...
c) Wie viel sind $\frac{3}{4}$ von 1 m?
    100 cm : 4 = ■ und ...

6 Berechne die Größen.
a) $\frac{1}{2}$ von 1 km   b) $\frac{2}{5}$ von 1 cm

c) $\frac{3}{4}$ von 1 m   d) $\frac{3}{10}$ von 1 kg

Tipp
zu a) 1 km = 1000 m   zu b) 1 cm = 10 mm
zu c) 1 m = 100 cm   zu d) 1 kg = 1000 g

7 Berechne.
Tipp $\frac{3}{4}$ m bedeutet $\frac{3}{4}$ von 1 m.

a) $\frac{1}{4}$ m   b) $\frac{3}{5}$ cm   c) $\frac{1}{2}$ kg   d) $\frac{4}{5}$ m

Tipp 1 m = 100 cm, also bedeutet $\frac{3}{4}$ m dasselbe wie $\frac{3}{4}$ von 100 cm.

8 Zeichne eine 10 cm lange Strecke. Teile die Strecke in 5 gleich große Abschnitte. Markiere 2 davon. Welchen Anteil hast du markiert?
Tipp Einteilung in 5 gleich große Abschnitte:
10 cm : 5 = ■ cm

Tipp $\frac{1}{3}$ von 3 cm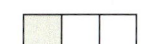

9 Karl geht beim Nachbarn Rasenmähen und bekommt dafür 30 €.

$\frac{1}{6}$ davon spart er.

$\frac{2}{5}$ von dem Geld gibt er für Süßigkeiten aus.
Wie viel Geld bleibt noch übrig?

Tipp Du brauchst mehrere Rechnungen:
$\frac{1}{6}$ von 30 €

$\frac{2}{5}$ von 30 €
Danach musst du beide Ergebnisse zusammen von 30 € abziehen.

10 Wie groß ist das Ganze?
Tipp zu a) Rechne rückwärts:
        ■ g $\xleftarrow{\cdot 2}$ ■ g $\xleftarrow{:1}$ 50 g
a) $\frac{1}{2}$ sind 50 g.
    Ist das Ganze 25 g oder 100 g oder 200 g?
b) $\frac{1}{5}$ sind 10 ℓ.
    Ist das Ganze 50 ℓ oder 100 ℓ oder 200 ℓ?
c) $\frac{1}{4}$ sind 5 m.
    Ist das Ganze 4 m oder 10 m oder 20 m?

Tipp Rechne entweder rückwärts oder mit den vorgegebenen Lösungen vorwärts.

ANWENDEN

1 Brüche anschaulich multiplizieren

$\frac{3}{4} \cdot \frac{5}{6}$ $\frac{2}{3} \cdot \frac{1}{3}$ $\frac{4}{5} \cdot \frac{1}{2}$ $\frac{3}{4} \cdot \frac{2}{3}$

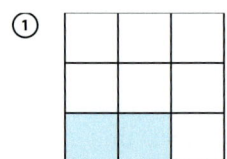 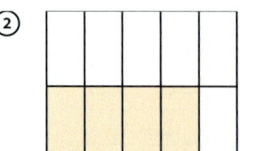 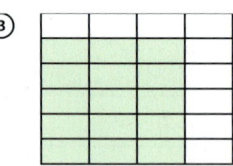 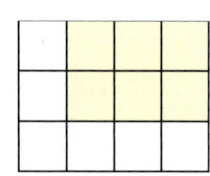

a) Welche Aufgabe gehört zu welcher Zeichnung? Ordne zu.
b) Berechne die Ergebnisse und vergleiche mit den Zeichnungen. Erkläre.

2 Zeichne im Heft den Anteil ein.
Berechne dann und vergleiche.
a) $\frac{1}{3} \cdot \frac{1}{2}$ b) $\frac{2}{5} \cdot \frac{2}{3}$

Tipp zu a) $\frac{1}{3}$ heißt: Gehe 1 von 3 Kästchen nach oben.
$\frac{1}{2}$ heißt: Gehe 1 von 2 Kästchen nach rechts.

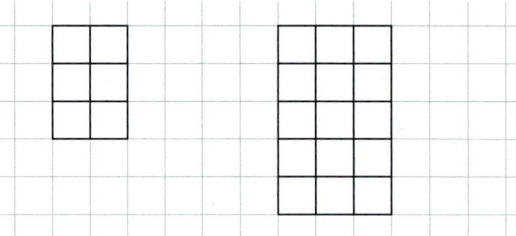

c) 👥 Zeichnet Anteile in einem neuen Feld und tauscht die Zeichnungen aus.
Notiert die Rechnungen und Ergebnisse.

3 Multipliziere.
Tipp Zähler mal Zähler, Nenner mal Nenner
a) $\frac{2}{5} \cdot \frac{1}{3}$ b) $\frac{1}{2} \cdot \frac{5}{6}$ c) $\frac{2}{3} \cdot \frac{5}{7}$
d) $\frac{4}{5} \cdot \frac{3}{7}$ e) $\frac{3}{5} \cdot \frac{1}{2}$ f) $\frac{3}{4} \cdot \frac{1}{4}$

Tipp zu a) $\frac{2}{5} \cdot \frac{1}{3} = \frac{2 \cdot 1}{5 \cdot 3} = \ldots$

„Zähler mal Zähler,
Nenner mal Nenner!"

4 Multipliziere.
Tipp Kürze, bevor du multiplizierst.

a) $\frac{2}{5} \cdot \frac{3}{4}$ b) $\frac{6}{7} \cdot \frac{4}{9}$ c) $\frac{1}{15} \cdot \frac{5}{6}$
d) $\frac{3}{4} \cdot \frac{4}{12}$ e) $\frac{5}{8} \cdot \frac{2}{15}$ f) $\frac{8}{14} \cdot \frac{7}{12}$

Tipp zu a)

$\frac{2}{5} \cdot \frac{3}{4} = \frac{\overset{1}{2} \cdot 3}{5 \cdot \underset{2}{4}} = \frac{1 \cdot 3}{5 \cdot 2} = \frac{3}{10}$

5 Schreibe als Multiplikation und berechne.
Tipp $\frac{1}{3}$ von $\frac{2}{5}$ bedeutet $\frac{1}{3} \cdot \frac{2}{5}$.

a) $\frac{2}{3}$ von $\frac{2}{7}$ b) $\frac{1}{2}$ von $\frac{3}{4}$
c) $\frac{1}{4}$ von $\frac{3}{5}$ d) $\frac{1}{3}$ von $\frac{2}{7}$
e) $\frac{2}{5}$ von $\frac{4}{9}$

Tipp Hier musst du malnehmen:
zu a) $\frac{2}{3} \cdot \frac{2}{7}$

6 Multipliziere natürliche Zahl und Bruch.
Tipp zu a) Schreibe 2 in den Zähler.
a) $2 \cdot \frac{1}{5}$ b) $3 \cdot \frac{2}{7}$ c) $\frac{2}{9} \cdot 4$
d) $\frac{2}{11} \cdot 5$ e) $6 \cdot \frac{2}{9}$ f) $\frac{1}{9} \cdot 3$

Tipp zu a) $2 \cdot \frac{1}{5} = \frac{2 \cdot 1}{5}$

7 In einer Klasse sind 25 Kinder.
Nur $\frac{2}{5}$ davon sind Jungen.
Wie viele Jungen sind in der Klasse?

Tipp Hier musst du malnehmen.

8 Berechne. Rechne das Ergebnis in eine gemischte Zahl um, wenn möglich.
Tipp $4 \cdot \frac{2}{5} = \frac{4 \cdot 2}{5} = \frac{8}{5} = 1\frac{3}{5}$

Tipp ① Schreibe den Zähler mit der natürlichen Zahl auf den Bruchstrich.
② Kürze, wenn möglich.
③ Multipliziere die beiden Zahlen im Zähler.

·	2	3	4	5
$\frac{1}{3}$				
$\frac{3}{4}$				

9 Berechne. Kürze, wenn möglich.
Tipp $2\frac{3}{5} \cdot \frac{1}{3} = \frac{13}{5} \cdot \frac{1}{3} = \frac{13}{15}$

a) $2\frac{3}{5} \cdot \frac{3}{5}$ b) $5\frac{2}{3} \cdot \frac{5}{17}$

c) $1\frac{3}{4} \cdot \frac{3}{7}$ d) $9\frac{1}{2} \cdot \frac{5}{19}$

e) $1\frac{3}{4} \cdot 2\frac{1}{7}$ f) $3\frac{1}{2} \cdot 2\frac{2}{5}$

Tipp $2\frac{3}{5}$ in einen unechten Bruch umwandeln.
$2\frac{3}{5} = \frac{13}{5}$, denn:
① ganze Zahl mal Nenner $2 \cdot 5 = 10$
② Ergebnis plus Zähler $10 + 3 = 13$
③ Nenner bleibt stehen 5

10 Finde und erkläre die Fehler. Berichtige dann in deinem Heft.

a) $\frac{2}{7} \cdot \frac{3}{7} = \frac{6}{7}$

b) $\frac{3}{8} \cdot \frac{5}{8} = \frac{15}{16}$

c) $\frac{11}{12} \cdot 4 = \frac{44}{48}$

d) $\frac{5}{6} \cdot \frac{2}{3} = \frac{5 \cdot \overset{1}{\cancel{2}}}{\cancel{2}6 \cdot 3} = \frac{5}{6}$

e) $3\frac{1}{5} \cdot \frac{2}{3} = \frac{15}{3} \cdot \frac{2}{3} = \frac{30}{15} = 2$

f) $2\frac{3}{7} \cdot \frac{7}{8} = \frac{5}{\underset{1}{\cancel{7}}} \cdot \frac{\overset{1}{\cancel{7}}}{8} = \frac{5}{8}$

g) $\frac{5}{6} \cdot 4\frac{2}{3} = 4\frac{5 \cdot \overset{1}{\cancel{2}}}{3\cancel{6} \cdot 3} = 4\frac{5}{9}$

11 Übertrage die Rechenmauer und multipliziere.

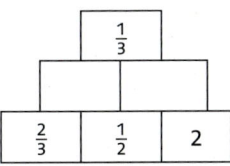

Tipp Die erste Aufgabe ist: $\frac{2}{3} \cdot \frac{1}{2}$.
Das Ergebnis kommt in den Stein über den beiden Brüchen.

12 Aus dem Berufsleben
Ein Kfz-Mechaniker hat noch $7\frac{1}{2}\ell$ Motoröl in seiner Werkstatt. Am Montag braucht er $\frac{1}{3}$ davon. Wie viel Liter sind danach noch übrig?

Tipp $\frac{1}{3}$ von $7\frac{1}{2}\ell$ bedeutet $\frac{1}{3} \cdot 7\frac{1}{2}$.

13 Übertrage und ergänze im Heft.
Tipp zu b) Aufgabe a) hilft dir.

a) $\frac{4}{5} \cdot \frac{5}{4} = \blacksquare$ b) $\frac{3}{4} \cdot \frac{\blacksquare}{\blacksquare} = \frac{12}{12} = 1$

c) $\frac{1}{3} \cdot \frac{\blacksquare}{\blacksquare} = \frac{2}{15}$ d) $\frac{\blacksquare}{\blacksquare} \cdot \frac{5}{8} = \frac{35}{48}$

Tipp zu c) Setze ein und prüfe:
| 1 | 2 | 5 |

1 R	2 H	3 C	4 I	5 T
	6 G	7 I		

ANWENDEN

1 Bilde den Kehrwert.

Tipp Vertausche Zähler und Nenner.

a) $\frac{3}{5}$ b) $\frac{5}{7}$ c) $\frac{1}{2}$

Tipp

2 Schreibe als **Mal**aufgabe mit dem Kehrwert und berechne.

a) $\frac{3}{7} : \frac{1}{2}$ b) $\frac{2}{5} : \frac{1}{2}$ c) $\frac{3}{8} : \frac{2}{5}$

d) $\frac{3}{8} : \frac{4}{7}$ e) $\frac{1}{6} : \frac{5}{7}$ f) $\frac{2}{7} : \frac{5}{9}$

Tipp $\frac{3}{7} : \frac{1}{2} = \frac{3}{7} \cdot \frac{2}{1} = \dots$

3 Berechne. Kürze zuerst.

a) $\frac{2}{3} : \frac{6}{5}$ b) $\frac{1}{4} : \frac{3}{8}$ c) $\frac{4}{9} : \frac{5}{6}$

Tipp zu a) $\frac{2}{3} : \frac{6}{5} = \frac{2}{3} \cdot \frac{5}{6} = \dots$

4 Berechne. Schreibe, wenn möglich, als gemischte Zahl.

a) $\frac{27}{10} : \frac{9}{4}$ b) $\frac{6}{5} : \frac{7}{10}$ c) $\frac{7}{4} : \frac{3}{8}$

Tipp $\frac{3}{5} : \frac{1}{3} = \frac{3}{5} \cdot \frac{3}{1}$

$= \frac{9}{5}$

$= 1\frac{4}{5}$, weil 9:5 = 1 Rest 4

$4 = \frac{4}{1}$

5 Dividiere. Kürze zuerst, wenn möglich.

a) $\frac{2}{5} : 4$ b) $\frac{4}{9} : 2$ c) $\frac{2}{3} : 5$

d) $3 : \frac{1}{6}$ e) $5 : \frac{3}{7}$ f) $6 : \frac{3}{5}$

Tipp zu a) $\frac{2}{5} : 4 = \frac{2}{5} : \frac{4}{1}$

$= \frac{2}{5} \cdot \frac{\blacksquare}{\blacksquare}$

$= \dots$

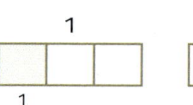

6 Wie oft passt $\frac{1}{3}$ in 2?

a) Erkläre mit der Zeichnung.

b) Schreibe die passende Aufgabe auf.

c) Zeichne und berechne: Wie oft passt $\frac{2}{3}$ in 4?

d) Wie oft passt $\frac{1}{4}$ in $\frac{3}{5}$?

7 Ordne den Aufgaben auf den Kärtchen jeweils eine Zeichnung zu.

a)

 :  =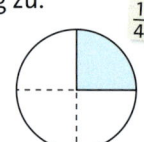

$\frac{1}{4} : 2 = \frac{1}{8}$

$\frac{1}{2} : 2 = \frac{1}{4}$

Tipp Der Nenner gibt an, in wie viele Teile das Ganze eingeteilt ist.

b)

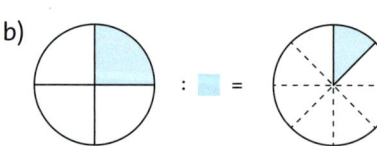

8 Es sind $\frac{3}{4}$ Liter Saft in der Kanne. 3 Kinder teilen sich den Saft gerecht auf. Wie viel bekommt jedes Kind?

Tipp Überlege, was du rechnen musst:
$\frac{\blacksquare}{\blacksquare} : \blacksquare = \blacksquare$

9 Kira und Mara teilen sich gerecht die übrig gebliebene Torte.

$\frac{1}{4}$ Torte

a) Welche Aufgabe rechnest du hier?
   $2 : \frac{1}{4}$ oder $\frac{1}{4} : 2$? Erkläre.
b) Welchen Anteil von der gesamten Torte bekommt jedes Kind?
c) Leni kommt dazu. Wie viel bekommt jetzt jedes Kind?

10 Rechne zuerst die gemischte Zahl um.

Tipp $1\frac{2}{3} : 3 = \frac{5}{3} : \frac{3}{1} = \frac{5}{3} \cdot \frac{1}{3} = \frac{5}{9}$

a) $2\frac{2}{3} : 2$

b) $4\frac{1}{2} : 3$

c) $1\frac{8}{10} : 6$

d) $2\frac{1}{4} : 4$

e) $1\frac{4}{7} : 2$

f) $2\frac{1}{3} : 5$

Tipp zu a) $2\frac{2}{3} : 2 = \frac{8}{3} : \frac{\blacksquare}{\blacksquare} = \dots$

11 Berechne. Kürze, wenn möglich.
Rechne zuerst die gemischte Zahl um.

a) $4 : 2\frac{3}{8}$

b) $7 : 1\frac{2}{3}$

c) $2\frac{1}{2} : 1\frac{1}{2}$

d) $3\frac{1}{4} : 1\frac{2}{3}$

e) $2\frac{3}{4} : 2\frac{1}{8}$

f) $3 : 5\frac{3}{4}$

Tipp Die gemischt Zahl umrechnen.
$2\frac{3}{5} = \frac{13}{5}$, denn:
① $2 \cdot 5 = 10$
② $10 + 3 = 13$
③ Nenner bleibt 5

12 Finde die Fehler. Berichtige im Heft.

a) $\frac{1}{2} : \frac{3}{4} = \frac{1}{2} \cdot \frac{3}{4} = \frac{1 \cdot 3}{2 \cdot 4} = \frac{3}{8}$

b) $\frac{3}{7} : 2 = \frac{3}{7} \cdot \frac{2}{1} = \frac{3 \cdot 2}{7 \cdot 1} = \frac{6}{7}$

c) $2\frac{3}{4} : \frac{5}{6} = \frac{6}{\underset{2}{\cancel{4}}} \cdot \frac{\overset{3}{\cancel{6}}}{5} = \frac{18}{10} = 1\frac{4}{5}$

Tipp Ordne zu. Das wurde falsch gemacht:

Kehrwert wurde nicht gebildet	Kehrwert wurde falsch gebildet

Gemischte Zahl falsch umgewandelt

13 Bilde vier verschiedene Aufgaben und berechne sie.

Tipp Nimm jeweils eine Zahl von links und teile durch eine Zahl von rechts.

4	$1\frac{1}{4}$		$\frac{1}{2}$	2
	$\frac{3}{4}$	:		$\frac{5}{8}$

Tipp Beispiel: $4 : 2 = \blacksquare$

14 4 Kinder teilen sich gerecht $1\frac{1}{2}$ ℓ Milch.
Wie viel Milch bekommt jedes Kind?
Tipp Hier musst du dividieren.

Tipp Hier musst du $1\frac{1}{2}$ ℓ Milch teilen.

15 Ein 20 m langer Weg wird erneuert.
An einem Tag schaffen die Arbeiter $2\frac{1}{2}$ m.
Tipp $2\frac{1}{2} = \frac{5}{2}$
a) Wie viele Tage dauert die Arbeit insgesamt?
b) Es müssen noch 10 m Weg mehr erneuert werden.
   Wie viele Tage dauert die zusätzliche Arbeit?

Tipp Hier musst du teilen.
Denk daran: $2\frac{1}{2}$ m müssen erst umgewandelt werden.

Rationale Zahlen

In diesem Kapitel lernst du, …

→ was ganze und rationale Zahlen sind.
→ rationale Zahlen zu addieren.
→ rationale Zahlen zu subtrahieren.
→ rationale Zahlen zu multiplizieren.
→ rationale Zahlen zu dividieren.

In den kalten Gewässern der Antarktis schwimmen viele Eisberge.
Sie ragen aus dem Meer hinaus,
gehen aber unter der Wasseroberfläche weiter.
Wie groß ist der Eisberg, wenn er 10 m oberhalb und
42,50 m unterhalb der Wasseroberfläche ist?
In der Antarktis sind teilweise Temperaturen von −50 °C.
In Deutschland sind es im Jahr durchschnittlich +10 °C.
Wie groß ist der Temperaturunterschied?

ANWENDEN

1 Rationale Zahlen
a) Wo kommen positive Zahlen vor?
   Wo kommen negative Zahlen vor?
b) Warum braucht man negative Zahlen?
   Erkläre mithilfe der Bilder.

   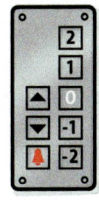 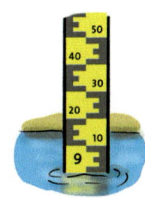

Strategie Schlüsselwörter für Vorzeichen
Es gibt wichtige Wörter,
an denen du erkennen kannst,
ob eine Zahl ein positives oder
negatives Vorzeichen hat.
Schlüsselwörter sind z. B.
positiv: plus, über, hoch, Guthaben
negativ: minus, unter, tief, Schulden

2 Schreibe die Schlüsselwörter heraus und
setze im Heft das richtige Vorzeichen ein.
a) minus 9,5 °C   ■ 9,5 °C
b) 56 m hoch   ■ 56 m
c) 12,50 € Schulden   ■ 12,50 €
d) 80,5 cm tief   ■ 80,5 cm
e) 430,50 € Guthaben   ■ 430,50 €
f) 4. Untergeschoss   ■ 4

Tipp Schlüsselwörter:
Negativ: minus, tief, unter, Untergeschoss
Positiv: Guthaben, hoch, über, Obergeschoss

3 Positiv oder negativ?
Ordne die Vorzeichen + und − zu.
a) Das Thermometer zeigt minus 4°C.
b) Auf Florians Konto ist ein Guthaben
   von 250€.
c) Der Turm ist 20 m hoch.
d) Ein Taucher taucht 17 m tief.
e) Der Aufzug steht im 3. Untergeschoss.

4 Auf welche Zahlen zeigen die Pfeile?
a)

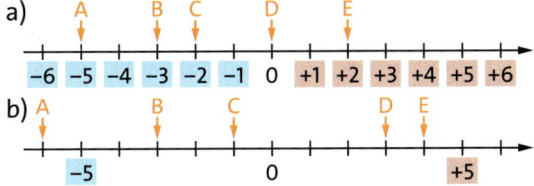

b)

Tipp Die Zahlen unter der Zahlengeraden
teilen die Zahlengerade gleichmäßig ein.
zu a) Lies die Zahlen ab.
zu b) Ergänze die Beschriftung und lies ab.

5 Beschreibe die Einteilung der Zahlengerade.
Auf welche Dezimalzahlen zeigen die Pfeile?
Tipp In welchen Schritten zählt die
Zahlengerade?

a)

b)

Tipp ① Die Zahlengerade zählt in ■er-
     Schritten.
② Die gesuchte Zahl steht zwischen ■ und ■.
③ Zähle weiter: Genau ■ Schritte danach.
   Also ist die gesuchte Zahl ■.

6 Auf welche Brüche zeigen die Pfeile?

Tipp zu a) $a = -\frac{4}{4}$, b = ...

a)
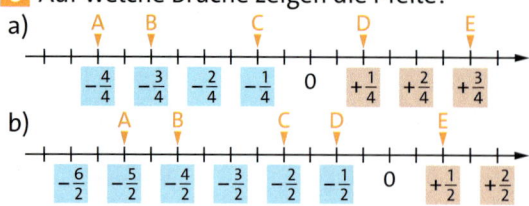

b)
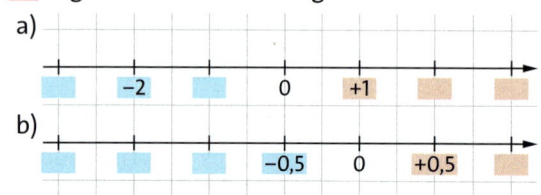

7 Ergänze die Beschriftungen im Heft.

Tipp Achte auf die 0:
Die Zahlen links von der 0 sind negativ.
Die Zahlen rechts von der 0 sind positiv.

a)

b)
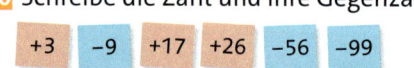

8 Zeichne jeweils eine Zahlengerade und trage die Zahlen ein.

Tipp zu a)

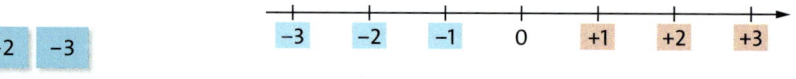

a)

| −1 | 0 | +1 | +2 | −2 | −3 |

b)
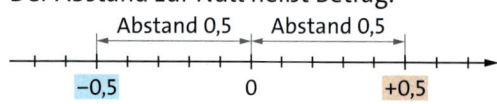
| −1,5 | +0,5 | +1,5 | −2,0 | 0 | +2,5 |

9 Welche Zahlen liegen zwischen −10 und −5?

| −8 | −12 | +4 | −6,5 | −3 | −7,5 |

Tipp

−10 −9 −8 −7 −6 −5 −4 −3 −2 −1 0

10 Schreibe die Zahl und ihre Gegenzahl auf.

| +3 | −9 | +17 | +26 | −56 | −99 |

Tipp −5 ist die Gegenzahl von +5, da beide den gleichen Abstand zur 0 haben.

Info Der Betrag
Der Abstand zur Null heißt Betrag.

Abstand 0,5   Abstand 0,5

−0,5   0   +0,5

Der Betrag von $-\frac{1}{2}$ ist $\frac{1}{2}$. Man schreibt: $|-\frac{1}{2}| = \frac{1}{2}$

11 Notiere den Betrag.

a) +25   b) −216   c) −1003
d) +8,9   e) −14,1   f) $+\frac{3}{7}$

12 Welche Zahlen haben diesen Betrag?

a) 54   b) 311   c) 1,7
d) 26,25   e) $\frac{7}{9}$ f) $9\frac{1}{3}$

13 Vergleiche. Setze ein: < , > oder =.

a) −3 ☐ +4   b) +5 ☐ −1
c) +5 ☐ +5   d) −4 ☐ +2
e) +2,2 ☐ −5,9   f) +1,5 ☐ −5,5

Tipp Überlege dir, wo die Zahlen auf der Zahlengerade stehen.
Je weiter rechts sie stehen, desto größer sind sie.

14 Ordne die Zahlen der Größe nach.
Beginne mit der kleinsten Zahl.

a) +4; −3; −6; +5; −1; +2
b) −1,5; +2; +3,5; −0,5; −4; +4,5

Tipp Eine Zahlengerade kann dir helfen.

✚ Methode Rationale Zahlen im Koordinatensystem

Im Koordinatensystem wird die Lage eines Punkts P(x|y) mit Koordinaten angegeben.
Wenn man die Achsen im Koordinatensystem verlängert, dann kann man auch negative
Koordinaten eintragen.

1 Lea geht mit ihren Großeltern in den Zoo.
Sie müssen zuerst zum Eingang, um Tickets
zu kaufen.
a) Gib die Koordinaten vom Eingang an.

    Tipp erst nach rechts oder links,
            dann nach oben oder unten

b) Beschreibe den Weg, den Lea und ihre
    Großeltern durch den Zoo laufen.
    Gib dafür die Koordinaten der Tiere an.

c) Am Ende des Tages wollen die drei noch
    etwas im Café essen.
    Wo befindet sich das Café?
    Gib die Koordinaten an.

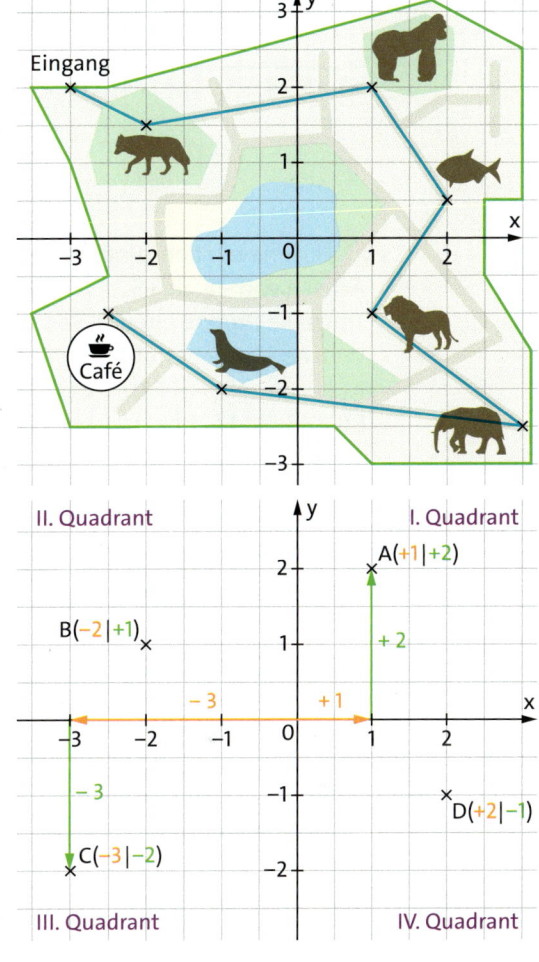

Ein **Koordinatensystem** besteht aus einer
x–Achse und einer y–Achse.
Die Lage eines Punkts wird mit den
Koordinaten P(x|y) angegeben.
Der Punkt (0|0) wird auch **Ursprung** genannt.
Die vier Bereiche im Koordinatensystem
heißen **Quadranten**.
Sie werden mit I, II, III und IV beschriftet.

> römisch 4

ANWENDEN

1 Welcher Punkt gehört zu den Koordinaten?
① (+4|−3) ② (−3|+1) ③ (+1|0)
④ (−5|−2) ⑤ (−6|+3) ⑥ (+2|+3)

Tipp Gehe erst nach rechts oder links,
dann nach oben oder unten.

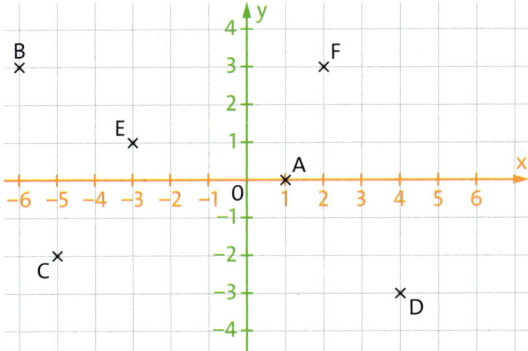

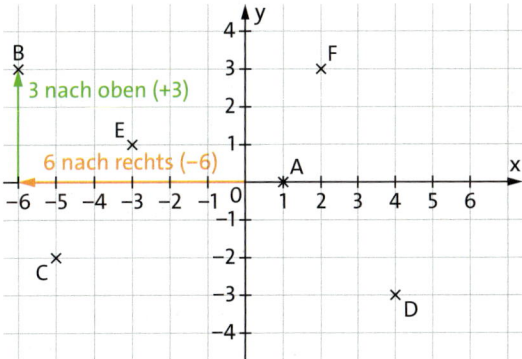

2 Welche Koordinaten haben die Punkte?

Tipp A(−4|■): 4 nach links und ■ nach oben

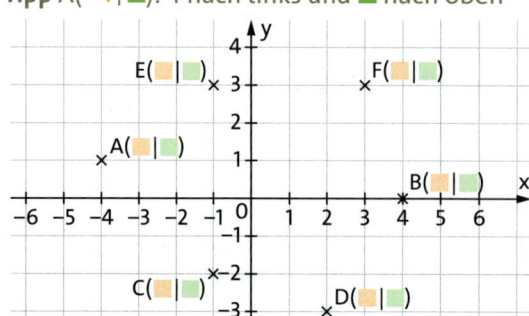

Tipp A(−4|■) Lies an der y-Achse ab.
B(■|0) Lies an der x-Achse ab.

3 Zeichne ein Koordinatensystem mit den Achsen von −5 bis +5.
Trage die Punkte ein und verbinde sie.
Welche Figur entsteht?
A(0|+3); B(+2|+1); C(+5|0); D(+2|−1);
E(0|−3); F(−2|−1); G(−5|0); H(−2|+1)

Tipp Zeichne für eine Einheit 1 cm.

4 Quadranten
a) In welchen Quadranten liegt der Punkt?
   Entscheide, ohne zu zeichnen.

   Tipp Achte auf positive und negative Vorzeichen.

   A(+5|+8); B(−3|6); C(−6|+3); D(+9|−2);
   E(−1|−7); F(−5|+1); G(+4|−4); H(+3|+2)
b) Beide Koordinaten sind positiv.
   In welchem Quadranten liegt der Punkt?

Tipp

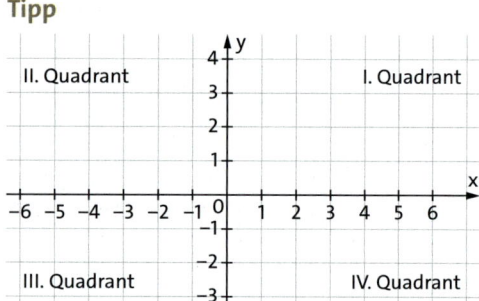

5 Welche Koordinaten haben die Punkte?

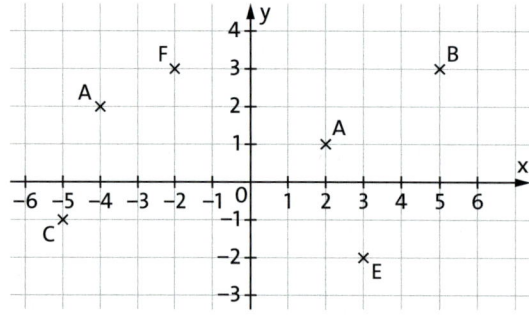

Tipp Achte auf die Einteilung der Achsen.

6 Zeichne ein Koordinatensystem.
1 Kästchen ist 0,5. Trage die Punkte ein.
A(−1,0|+1,5); B(−1,0|−0,5); C(+1,0|−0,5)
Ergänze einen Punkt D, sodass ein Quadrat entsteht.

Tipp Erst der x-Wert, dann der y-Wert.

7 👥 Zeichne ein Viereck und ein Dreieck in ein Koordinatensystem. 1 Kästchen ist 0,5 cm. Diktiert euch gegenseitig die Eckpunkte und zeichnet sie ein. Vergleicht eure Figuren.

✚ Thema Zunahme und Abnahme

Am Morgen misst Erik eine Temperatur von −2 °C. Bis Mittag steigt sie um 5 °C.

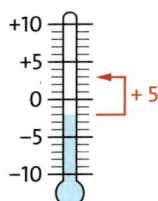

Bis zum Abend fällt sie wieder um 3,5 °C.

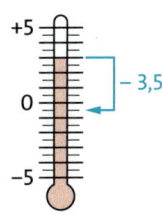

Mit positiven und negativen Zahlen kann man Temperaturen beschreiben.
Wenn es wärmer wird, dann steigt die Temperatur (Zunahme).
Wenn es kälter wird, dann fällt die Temperatur (Abnahme).
Solche Veränderungen werden durch Rechenzeichen beschrieben:
Bei Zunahmen rechnet man +, bei Abnahmen rechnet man −.

Beispiel 1 Eine Zunahme um 5 bedeutet eine Veränderung um +5:
Gehe 5 Schritte nach rechts.

$(−2) + 5 = (+3)$

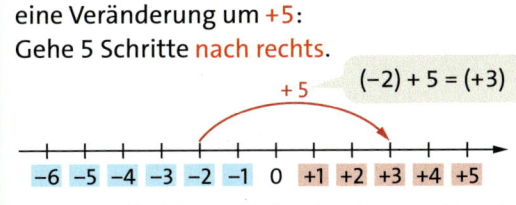

Beispiel 2 Eine Abnahme um 3,5 bedeutet eine Veränderung um −3,5:
Gehe 3,5 Schritte nach links.

$(+3) − 3,5 = (−0,5)$

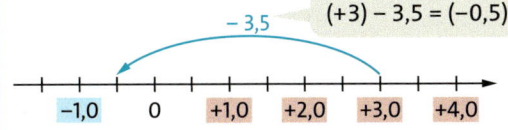

ANWENDEN

Hinweis
Schlüsselwörter
Zunahme: nach oben, steigt, einzahlen
Abnahme: nach unten, fällt, sinkt, Geld abheben

1 Zunahme oder Abnahme?
Schreibe die Schlüsselwörter auf.
a) Die Temperatur **steigt** um 3°C.
b) Die Temperatur **fällt** um 5°C.
c) Lars **hebt** von seinem Konto 20 € **ab**.
d) Der Aufzug fährt 2 Etagen **nach oben**.

Tipp Zunahme: Es wird mehr, wärmer, höher.
Abnahme: Es wird weniger, kälter, tiefer.

2 Nimmt die Temperatur zu oder ab?
Schreibe die Rechnung mit Ergebnis ins Heft.
Tipp zu a) $(+3) − 5 = $ ■

a) +5 ... 0 ... −5 ... − 5
b) +5 ... 0 ... −5 ... + 2
c) +5 ... 0 ... −5 ... + 6

Tipp
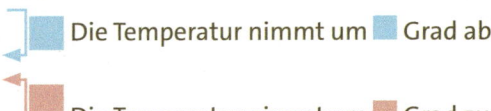
Die Temperatur nimmt um ■ Grad ab.

Die Temperatur nimmt um ■ Grad zu.

3 Schreibe die Rechnung als Pfeilbild.
Tipp $−3 \xrightarrow{+7} +4$ $−2 \xleftarrow{−3} +1$

a)

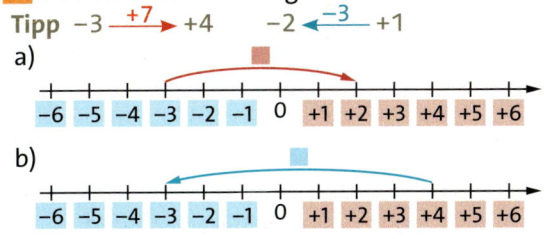

b)

Tipp zu a) $−3 \xrightarrow{+■} $ ■
zu b) ■ $\xleftarrow{−■} +4$

Strategie Vorzeichen und Rechenzeichen

Das **Vorzeichen** gibt an, ob eine Zahl positiv oder negativ ist: Es sind +2 °C.

Das **Rechenzeichen** gibt eine Veränderung an: Die Temperatur ändert sich um −3,5 °C.

4 Wo findest du Vorzeichen?
Wo findest du Rechenzeichen? Erkläre.

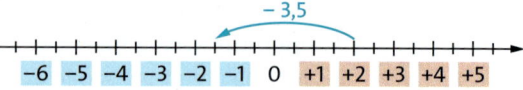

5 Ordne jeder Aufgabe ein Pfeilbild und eine Zahlengerade zu.
Wo findest du Vorzeichen, wo Rechenzeichen?

a) Es sind +0,8 °C. Die Temperatur ändert sich um −1,2 °C. Jetzt sind es −0,4 °C.

b) Die Temperatur ist um 2 °C gestiegen. Vorher waren es −1,3 °C, jetzt sind es 0,7 °C.

c) Die Temperatur sinkt um 2,5 °C von +1 °C auf −1,5 °C.

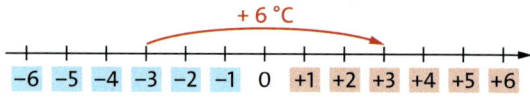

6 Berechne den fehlenden Wert.

	alter Wert	Änderung	neuer Wert
a)	−3 °C	+6 °C	
b)	−1 °C	+4 °C	
c)	+10 m	−5 m	
d)	−5,5 Punkte	−10 Punkte	

Tipp zu a)

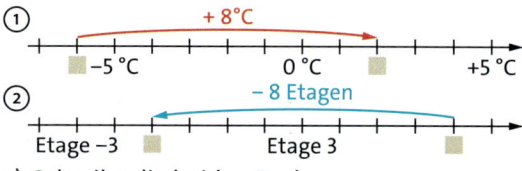

7 Stelle die Rechengeschichte an einer Zahlengeraden dar.

Lisa steigt in der **3**. Etage ein.
Sie fährt 4 Etagen nach unten.
Nun ist sie in der Etage **−1**.

Tipp +3 $\xrightarrow{-4}$ −1

8 Rechengeschichten

① + 8°C

② − 8 Etagen

a) Schreibe die beiden Rechnungen mit Ergebnis ins Heft.

b) Schreibe jeweils eine Rechengeschichte.

c) 👥 Erfindet eigene Rechengeschichten und löst sie gegenseitig.

Tipp zu b)
① Am Morgen sind es ▨.
Bis zum Mittag ▨ die Temperatur um ▨.
Dann sind es ▨.
② Sam hat ▨ Schulden. ...

9 Finde eine Frage.
Schreibe als Rechnung und löse.

a) Es sind −2 °C.
Die Temperatur steigt um 5 °C.

b) Leonie steigt in der 3. Etage ein.
Sie fährt 4 Etagen nach unten.

c) Auf Frau Müllers Konto sind −50 €.
Sie zahlt 20 € ein.

Tipp zu a) Es sind −2 °C.
Die Temperatur **steigt um 5 °C**.
Rechnung: −2 + 5 = ▨

ANWENDEN

1 Welches Vorzeichen hat das Ergebnis?
Tipp gleiche Vorzeichen
a) $(+3) + (+2) = $ ■ 5   b) $(-9) + (-4) = $ ■ 13
c) $(-7) + (-1) = $ ■ 8   d) $(+12) + (+6) = $ ■ 18

Tipp Für gleiche Vorzeichen gilt:
Das Ergebnis hat das gemeinsame Vorzeichen.

2 Welches Vorzeichen hat das Ergebnis?
Tipp verschiedene Vorzeichen
a) $(-5) + (+3) = $ ■ 2   b) $(+6) + (-2) = $ ■ 4
c) $(-3) + (+10) = $ ■ 7   d) $(-7) + (+13) = $ ■ 6

Tipp Für verschiedene Vorzeichen gilt:
Das Ergebnis hat das Vorzeichen der Zahl mit dem größeren Betrag.

3 Übertrage die Aufgabenreihen in dein Heft.
① $(-3) + 0 = -3$ ② $(+2) + (-8) = -6$
  $(-3) + (-1) = -4$ $(+2) + (-7) = -5$
  $(-3) + (-2) = -5$ $(+2) + (-6) = -4$
  $(-3) + (-3) = $ ■ $(+2) + (-5) = $ ■
  …   …
a) Berechne die Ergebnisse.
b) Setze die Reihen um zwei Aufgaben fort.

Tipp zu b)
① $(-3) + (-4) = $ ■   ② $(+2) + (-4) = $ ■
  $(-3) + (-5) = $ ■ $(+2) + (-3) = $ ■

4 Überlege zuerst, welches Vorzeichen das Ergebnis hat. Berechne dann.
a) $(+3) + (+5)$ b) $(-4) + (+2)$
c) $(-5) + (-10)$ d) $(+5) + (-3)$
e) $(-2) + (-0,5)$ f) $(+3,5) + (+1,5)$

Tipp **Gleiche Vorzeichen**: Addiere beide Zahlen, ohne die Vorzeichen zu beachten.
Verschiedene Vorzeichen: Subtrahiere: größerer Betrag – kleinerer Betrag

5 Finde und erkläre die Fehler.
Berichtige sie im Heft.
a) $(+5) + (-3) = -2$
b) $(-4) + (+6) = +10$
c) $(-2) + (-7) = -5$
d) $(-8) + (+6) = 8 + 6 = 14$

Tipp

falsches Vorzeichen

addiert statt subtrahiert

subtrahiert statt addiert

Klammern falsch aufgelöst

6 Welches Vorzeichen fehlt? Ergänze.
a) $(-8) + (-9) = $ ■17
b) $($■$6) + (-7) = -1$
c) $(-17) + ($■$28) = +11$
d) $($■$3,5) + (+1,4) = -2,1$
e) $(-4,2) + ($■$1,3) = -5,5$

Tipp Probiere es jeweils mit + und – aus.

7 Ordne jedem Satz die passende Rechnung zu.
a) Berechne.
b) Eine Rechnung bleibt übrig.
   Schreibe dazu eine passende Aufgabe.

Tina hat 8 € Schulden.
Sie bekommt 12 € Taschengeld.

$(+12) + (-8)$

$(-3) + (-6)$

Frieda hat 3 € Schulden und leiht sich nochmal 6 €.

Mert hatte 12 € und gibt 8 € aus.

$(-12) + (+8)$

$(+3) + (+6)$ $(-8) + (+12)$

Leon hat 3 € und bekommt 6 € Taschengeld.

8 Berechne.
Tipp zu d) Erweitere erst auf denselben Nenner.

a) $\left(+\frac{3}{4}\right) + \left(-\frac{1}{4}\right)$ b) $\left(-\frac{2}{5}\right) + \left(-\frac{1}{5}\right)$

c) $\left(-\frac{5}{6}\right) + \left(+\frac{2}{6}\right)$ d) $\left(-\frac{1}{2}\right) + \left(+\frac{3}{4}\right)$

Tipp zu d) $\left(\frac{-1}{2}\right) + \left(\frac{+3}{4}\right)$

$= \left(\frac{-2}{4}\right) + \left(\frac{+3}{4}\right)$

$= ▣$

Hinweis
Ein Rechen-zeichen und ein Vorzeichen dürfen nicht ohne Klammer nebeneinander stehen:
8 +̶ −7
8 + (−7)

Methode Vereinfachte Schreibweise
Bei **positiven Zahlen** kann man die Klammern und das + immer weglassen:
$(+6) + (−5) = 6 + (−5)$
Bei **negativen Zahlen** kann man die Klammern nur weglassen, wenn sie ganz vorne stehen:
$(−2) + (−4) = −2 + (−4)$

9 Hier wurde nicht richtig vereinfacht. Berichtige die Fehler und berechne.
a) $(−3) + (+4) = 3 + 4$
b) $(+6) + (−2) = 6 + 2$
c) $(−5) + (−9) = −5 + 9$
d) $(+8) + (−4) = −8 + (−4)$
e) $(−9) + (−7) = −9 + 7$
f) $(−12) + (−9) = 12 + 9$

10 Vereinfache zuerst die Schreibweise. Berechne dann.
a) $(+3) + (+6)$ b) $(−6) + (+4)$
c) $(−5) + (−2)$ d) $(+8) + (−7)$

Tipp Bei positiven Zahlen kann man die Klammern und das + immer weglassen. Bei negativen Zahlen kann man die Klammern nur weglassen, wenn sie vorne stehen.

11 Bilde eigene **Addition**saufgaben.

| +6 | +1,4 | −8 | −5,4 | −2,7 | −3,3 |

| +1 | −5 |

a) Bilde zwei Aufgaben, die möglichst einfach sind.
b) Bilde zwei Aufgaben, die möglichst schwer sind.
c) 👥 Tauscht die Aufgaben untereinander und löst sie.

Tipp zu a) Benutze am besten die ganzen Zahlen. Mit diesen kann man einfacher rechnen.

12 Wie viel Geld hat Susi jetzt auf dem Konto? Berechne.

Kontoauszug	Susi Schneider	Bank
Datum		Betrag
1.3.	Alter Kontostand	+500€
2.3.	Abbuchung Miete	−1500€
6.3.	Einzahlung Gehalt	+2000€
	Neuer Kontostand:	

Tipp Alter Kontostand
+ (−Abbuchung)
+ (+Einzahlung)
…

13 Hausmeister Willi repariert in der 4. Etage die Elektronik. Danach muss er 7 Etagen nach unten fahren, um dort eine Lampe auszutauschen. Dann fährt er nochmal 2 Etagen nach oben. In welcher Etage ist er dann?

Tipp $(+4) + (−7) + (+2) = ▣$

ANWENDEN

1 Welche Aufgaben gehören zusammen?
Ordne zu.

$-3 - (+5)$	$-8 + (+4)$	$= -4$	$-8 - (-4)$

$2 - (-7)$	$6 + (-5)$	$= +1$	$2 + (+7)$

$6 - (+5)$	$-3 + (-5)$	$= -8$	$= +9$

Tipp

Aus $-$ **+** wird **+** **−**
Aus $-$ **−** wird **+** **+**

Rechenzeichen   Vorzeichen

2 Aus Subtraktion wird Addition.
Ergänze die fehlenden Vorzeichen.
a) $3 - (-5) = 3 + (■\,5) = ■8$
b) $-7 - (+4) = -7 + (■\,4) = ■11$
c) $-6 - (-2) = -6 + (■\,2) = ■4$
d) $2,5 - (+1,5) = 2,5 + (■\,1,5) = ■1$

Tipp Überlege und setze + oder − ein.

3 Übertrage die Aufgabenreihen in dein Heft.
① $4 - (+1) = 3$ ② $4 + (-1) = 3$
  $4 - 0 = 4$ $4 + 0 = 4$
  $4 - (-1) = ■$ $4 + (+1) = ■$
  …   …
a) Berechne die fehlenden Ergebnisse.
b) Vergleiche beide Reihen.
  Was fällt dir auf?
c) Setze die Reihen um zwei Aufgaben fort.

Tipp zu c)
① $(+4) - (-2) = ■$ ② $(+4) + (+2) = ■$
  $(+4) - (-3) = ■$ $(+4) + (+3) = ■$

4 Schreibe erst als **Additions**aufgabe.
Was ist das Lösungswort?
a) $-6 - (+4)$ b) $2 - (-5)$
c) $-12 - (-6)$ d) $4 - (-7)$
e) $5 - (+9)$ f) $7 - (+5)$
g) $-14 - (-3)$ h) $-8 - (+10)$
Lösungswort:

C −6	C −11	E 7	E 2

H 11	K −18	R −10	T −4

Tipp zu a) $-6 - (+4) = -6 + (-4) = ■$
zu b) $2 - (-5) = 2 + (+5) = ■$
zu c) …

5 Schreibe erst als **Additions**aufgabe.
Berechne dann.
Prüfe dein Ergebnis mit einem Überschlag.
a) $1,5 - (+2)$ b) $-4 - (+0,5)$
c) $3,5 - (-2,5)$ d) $-1,5 - (-5,5)$

Tipp Hier haben sich die Lösungen versteckt:

−5	−4,5	−3	−0,5

+0,5	+1,5	+4	+6

6 Schreibe erst als **Additions**aufgabe.
Berechne dann.
Tipp zu d) Erweitere erst auf denselben
Nenner.
a) $-\frac{3}{2} - \left(+\frac{1}{2}\right)$ b) $\frac{1}{4} - \left(-\frac{3}{4}\right)$
c) $\frac{7}{5} - \left(-\frac{6}{5}\right)$ d) $-\frac{3}{4} - \left(-\frac{5}{8}\right)$

Tipp zu d) $\frac{-3}{4} - \left(\frac{-5}{8}\right)$
$= \frac{-6}{8} + \left(\frac{+5}{8}\right)$
$= ■$

Methode Vereinfachte Schreibweise
Wenn Rechenzeichen und Vorzeichen
gleich sind, dann kann man sie als „+"
zusammenfassen:
+ + wird zu +   und   − − wird zu +
Wenn Rechenzeichen und Vorzeichen
verschieden sind, dann kann man sie als „−"
zusammenfassen:
+ − wird zu −   und   − + wird zu −

8 Vereinfache zuerst die Schreibweise.
Berechne dann.
Tipp gleiche Zeichen: +
verschiedene Zeichen: −
a) $4 − (−3)$ b) $−7 − (+5)$
c) $8 + (+1,5)$ d) $−9,5 + (−6)$

9 Finde und erkläre die Fehler.
Berichtige sie im Heft. Berechne dann.
a) $7 − (+8) = 7 + (+8)$
b) $−12 − (−9) = 12 + (+9)$
c) $−15 − (+6) = −15 + 6$
d) $8,5 − (−4,2) = −8,5 − 4,2$

10 Welches Vorzeichen fehlt? Ergänze.
a) $(−4) − (−3) = \blacksquare 1$
b) $(+8) − (\blacksquare 5) = +13$
c) $(\blacksquare 1,5) − (+2,5) = −1$
d) $(−6,1) − (\blacksquare 4,2) = −1,9$

11 Ordne jedem Satz die passende Rechnung zu.
a) Berechne.
b) Eine Rechnung bleibt übrig.
   Schreibe dazu einen passenden Satz.

> $−7 − (+4,50)$

> Der Fahrstuhl steht in der 1. Etage.
> Er fährt 4 Etagen nach unten.

> Es sind 4,5 °C. Die
> Temperatur sinkt um 7 °C.

> $4,5 − (+7)$

> Tom hat 4,50 € Schulden
> und leiht sich nochmal 7 €.

> $1 − (+4)$

> $−4,50 − (+7)$

12 Kontostände
Übertrage die Tabelle und ergänze sie.

	alter Kontostand	Zahlungs-ausgang	neuer Kontostand
a)	+14,00 €	−9,00 €	
b)	−8,00 €	−6,00 €	
c)	−20,00 €	−5,00 €	
d)	+2,00 €	−13,00 €	

7 Maria hat ihre Hausaufgaben angefangen.

> ① $−4 + (+9) = −4 + 9$
> ② $6 − (−3) = 6 + 3$
> ③ $7,5 + (−12) = 7,5 − 12$
> ④ $−8,4 − (+13,1) = −8,4 − 13,1$

a) Wie hat Maria die Aufgaben vereinfacht?
   Erkläre.
b) Berechne die Ergebnisse.

Tipp Aus + + wird + und
aus − − wird +.
Aus + − wird − und
aus − + wird −.

Tipp zu a) und b) Hilfsfrage:
Ist die **Subtraktions**aufgabe richtig in eine
Additionsaufgabe umgewandelt worden?
zu c) und d) Hilfsfrage:
Ist die Schreibweise richtig vereinfacht
worden?

Tipp Probiere es jeweils mit + und − aus.

Tipp zu a) $+14,00 − 9,00 = \blacksquare$
zu b) $−8,00 − 6,00 = \blacksquare$
zu c) ...

13 Bilde **Subtraktions**aufgaben: ■ − ■

8   −5   2   −3   −6,4   5,6   1,2   −4,8

a) Bilde zwei Aufgaben,
   die möglichst einfach sind.
b) Bilde zwei Aufgaben,
   die möglichst schwer sind.
c) 👥 Tauscht die Aufgaben untereinander
   und löst sie.

Tipp Setze hier die Kärtchen ein: ■ − ■.
Die Kärtchen ohne Vorzeichen sind positiv (+).

14 Schreibe als Rechnung und löse.
a) Ein Fisch schwimmt in 3 m Tiefe.
   Er taucht 2 m tiefer.
b) Abends sind es 4 °C.
   Nachts wird es 6 °C kälter.
c) Der Fahrstuhl steht auf der Etage −2.
   Er fährt 2 Etagen tiefer.
d) Lisa schuldet Mirko 5 €.
   Sie leiht sich nochmal 4 €.

Tipp zu a) 2 m tiefer bedeutet: −2 m
zu b) 6 °C kälter bedeutet: −6 °C
zu c) 2 Etagen tiefer bedeutet: −2 Etagen
zu d) 4 € leihen bedeutet: −4 €

15 Übertrage die Tabelle und ergänze sie.

	−	4	−7	1,5
a)	5			
b)	−3			
c)	2,5			
d)	−6,2			

Tipp $5 - (+4) = $ ■
$5 - (−7) = $ ■
…

16 Welche Zahl hält der letzte Affe? Beschreibe dein Vorgehen.
a) Subtrahiere immer 4.
b) Subtrahiere immer 6,3.
c) Subtrahiere immer −5,5.
d) Wie oft musst du −2,1
   subtrahieren, damit das
   Ergebnis 1 ist?

17 Stefanie springt vom 3 m-Turm
in das Wasser.
Wie tief ist das Becken? Berechne.

Tipp gegeben: 3 m und 7 m
gesucht: …
Rechnung: …
Antwortsatz: Das Becken …

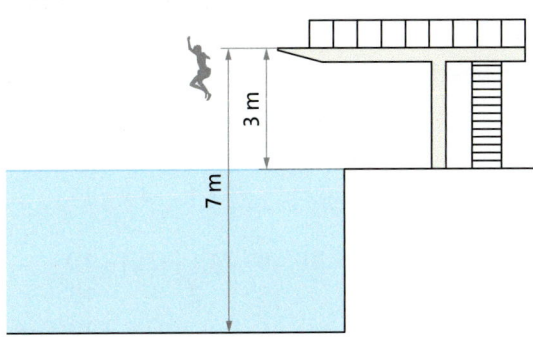

✚ Methode **Vorteilhaft addieren und subtrahieren**

1 Vergleiche die Rechenwege.

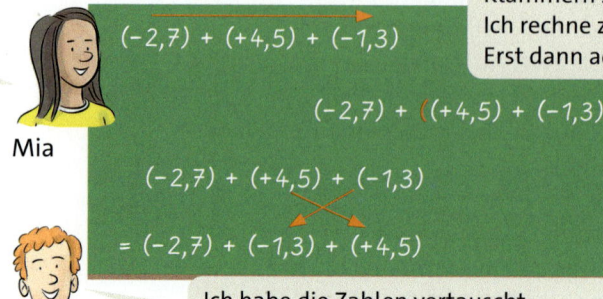

Ich rechne immer von links nach rechts.

Mia

Ich darf bei der Addition Klammern setzen.
Ich rechne zuerst $(+4,5) + (-1,3)$.
Erst dann addiere ich $(-2,7)$.

$(-2,7) + (+4,5) + (-1,3)$

$(-2,7) + ((+4,5) + (-1,3))$

Susanne

$(-2,7) + (+4,5) + (-1,3)$

$= (-2,7) + (-1,3) + (+4,5)$

Ich habe die Zahlen vertauscht.
Jetzt rechne ich von links nach rechts.

Robert

a) Rechne einmal wie Mia, einmal wie Robert und einmal wie Susanne.
   Was fällt dir auf?
b) Welchen Rechenweg findest du am einfachsten?
   Begründe deine Antwort.

Für das Rechnen mit natürlichen Zahlen und Brüchen gibt es Regeln und Gesetze.
Diese Gesetze helfen dir auch bei den rationalen Zahlen einfacher zu rechnen.

Das Vertauschungsgesetz sagt, wann man die Zahlen vertauschen darf.

Vertauschungsgesetz (Kommutativgesetz)
Bei der **Addition** dürfen die Zahlen
vertauscht werden:
$a + b + c = a + c + b$
Das Ergebnis bleibt gleich.

Beispiel 1
$(-3) + (+25) + (-7)$

$= (-3) + (-7) + (+25)$

$= \quad -10 + (+25) = \underline{15}$

Nimm beim Vertauschen immer die Vorzeichen mit!

Das Verbindungsgesetz sagt, wo man Klammern setzen darf.

Verbindungsgesetz (Assoziativgesetz)
Bei der **Addition** dürfen überall
Klammern gesetzt werden:
$(a + b) + c = a + (b + c)$
Das Ergebnis bleibt gleich.

Beispiel 2
a) $(7 + (-9)) + (-1)$ b) $7 + ((-9) + (-1))$
$= \quad (-2) \quad + (-1)$ $= 7 + \quad (-10)$
$= \quad \underline{-3}$ $= \quad \underline{-3}$

Einfacher ist es so!

Auch bei Klammern muss man Regeln beachten.

Was in **Klammern** steht,
wird zuerst gerechnet.

Bei mehreren Klammern gilt:
Erst die inneren Klammern,
dann die äußeren Klammern.

Beispiel 3
a) $\quad -17 + (6 + (-3))$
   $= -17 + \quad 3 = \underline{-14}$

b) $[8 - (4 + (-2))] - 10$
   $[8 - \quad 2 \quad] - 10$
   $\qquad 6 \qquad - 10 = \underline{-4}$

ANWENDEN

1 Vertausche die Zahlen vorteilhaft und berechne.

Tipp $(-4) + (+3) + (-6) = (-4) + (-6) + +3$

$= (-10) + (+3) = \underline{-7}$

a) $(+7) + (-9) + (+3)$ b) $(-12) + (+5) + (-8)$
c) $(-25) + (-8) + (-5)$ d) $(+13) + (-6) + (+17)$

Tipp Welche Zahlen passen gut zusammen?

2 Welche Aufgabe fällt dir leichter? Erkläre.
a) $(-8 + (-2)) + (-9)$ oder
   $-8 + ((-2) + (-9))$
b) $6 + ((-3) + (-7))$ oder
   $(6 + (-3)) + (-7)$

Tipp Berechne zuerst die Klammern.

3 Berechne.
Tipp Klammern zuerst.
a) $-5 + (10 - 6)$
b) $(-8 + 3) + (-7)$
c) $13 - (9 + (-2))$
d) $(4 - (-2)) + 10$

Tipp zu a) $-5 + (10 - 6)$
$= -5 + $ ▨
$= ...$

4 Berechne.
Tipp Erst innere, dann äußere Klammer.
a) $4 + [(-3 + 6) + (-10)]$
b) $[-5 - (6 + 9)] + 10$
c) $-3 + [8 + (11 + (-3))]$

Hier haben sich die Lösungen versteckt:

7   13   −9   2   −10   −3

Tipp zu a) $4 + [(-3 + 6) + (-10)]$
$= 4 + [$ ▩ $+ (-10)]$
$= 4 + $ ▨
$= ...$

Strategie Subtraktion in Addition umwandeln
Man kann jede **Subtraktions**aufgabe in eine **Additions**aufgabe umwandeln.
Dann kann man vertauschen und verbinden.

5 Erkläre schrittweise, wie Benjamin rechnet.
$(+2,8) - (+3,6) + (-1,8)$
$= (+2,8) + (-3,6) + (-1,8)$
$= (+2,8) + (-1,8) + (-3,6)$
$= \quad (+1) \quad + (-3,6) = \underline{-2,6}$

6 Wandle erst in eine **Additions**aufgabe um. Berechne dann vorteilhaft.
a) $(+2) - (-7) + (+8)$
b) $(-5) - (+17) + (-15)$
c) $(-16) + (+5) - (+4)$

Tipp
Aus $-$ ➕ wird $+$ ➖
Aus $-$ ➖ wird $+$ ➕

Rechenzeichen   Vorzeichen

7 👥 Findet und erklärt die Fehler. Berichtigt die Fehler im Heft.

a) $(+16) - (+21) + (+16)$
$= (+16) - (+16) + (+21)$
$= \quad 0 \quad + (+21)$
$= \quad 21$

b) $29 - (-7 + (-1))$
$= \quad 36 \quad + (-1)$
$= \quad 37$

c) $-89 - (-112) + (-88)$
$= -89 - ((-112) + (-88))$
$= -89 - \quad (-200)$
$= \quad 111$

ANWENDEN

1 Welches Vorzeichen fehlt? Ergänze.
a) $(-5) \cdot (+4) = $ ■ 20 　　b) $(+6) \cdot (-4) = $ ■ 24
c) $(+3) \cdot (+6) = $ ■ 18 　　d) $(-7) \cdot (-5) = $ ■ 35
e) $(-6) \cdot (-5) = $ ■ 30 　　f) $(+9) \cdot (-3) = $ ■ 27

Tipp gleiche Vorzeichen:
Das Ergebnis ist positiv.
verschiedene Vorzeichen:
Das Ergebnis ist negativ.

2 Rechne im Kopf.
Tipp gleiche Vorzeichen
a) $(+4) \cdot (+3)$ 　　b) $(-5) \cdot (-6)$
c) $(+2) \cdot (+0{,}5)$ 　　d) $(-1{,}5) \cdot (-3)$

Tipp Das Ergebnis ist immer positiv.

3 Berechne.
Tipp verschiedene Vorzeichen
a) $(-5) \cdot (+8)$ 　　b) $(+6) \cdot (-6)$
c) $(+2{,}5) \cdot (-4)$ 　　d) $(-0{,}2) \cdot (+3)$

Tipp Das Ergebnis ist immer negativ.

Hinweis
Denk daran:
6 = (+6)

4 Übertrage die Aufgabenreihen in dein Heft.
① $4 \cdot 1 \quad = 4$ 　　② $(-4) \cdot 1 = 4$
　$4 \cdot 0 \quad = 0$ 　　　　$(-4) \cdot 0 = $ ■
　$4 \cdot (-1) = $ ■ 　　　$(-4) \cdot (-1) = $ ■
　… 　　　　　　　…
a) Berechne die fehlenden Ergebnisse.
b) Setze die Reihen um zwei Aufgaben fort.

Tipp zu b)
① $4 \cdot (-2) = $ ■ 　　② $(-4) \cdot (-2) = $ ■
　$4 \cdot (-3) = $ ■ 　　　$(-4) \cdot (-3) = $ ■

5 Berechne.
a) $4 \cdot (-6)$ 　　b) $(-5) \cdot (-3)$
c) $(-2) \cdot 9$ 　　d) $8 \cdot (-7)$
e) $(-0{,}5) \cdot (-10)$ 　　f) $3 \cdot (-1{,}5)$

Tipp ① Multipliziere zuerst beide Zahlen,
ohne die Vorzeichen zu beachten.
② Bestimme dann das Vorzeichen des
Ergebnisses.

6 Berechne.
Tipp Zähler mal Zähler, Nenner mal Nenner.
a) $\frac{1}{2} \cdot \frac{3}{4}$ 　　b) $\left(-\frac{2}{3}\right) \cdot \frac{3}{5}$
c) $\left(-\frac{1}{3}\right) \cdot \left(-\frac{2}{7}\right)$ 　　d) $\frac{5}{8} \cdot \left(-\frac{3}{4}\right)$

Tipp So multipliziert man Brüche:
$$\left(\frac{-2}{5}\right) \cdot \frac{3}{7} = \frac{-2 \cdot 3}{5 \cdot 7} = \frac{-6}{35}$$

7 Herr Leier kauft ein Handy auf Raten.
Jeden Monat werden −50 € von
seinem Konto abgebucht.
Berechne.
a) Wie viel € sind nach
　3 Monaten abgebucht?
b) Wie viel € sind nach
　7 Monaten abgebucht?

Tipp zu a) $3 \cdot (-50) = $ ■
zu b) $7 \cdot (-50) = $ ■

8 Bilde aus den Kärtchen **Multiplikations**aufgaben, sodass das Ergebnis …
a) positiv ist.
b) negativ ist.
c) möglichst klein, aber positiv ist.
d) möglichst groß, aber negativ ist.
e) weder positiv noch negativ ist.

0	−4	−7	0,5	$\frac{1}{2}$
1	6	8	−0,2	$-\frac{3}{4}$

ANWENDEN

1 Welches Vorzeichen fehlt? Ergänze.
a) $(-16) : (-2) = \blacksquare\, 8$ b) $(-28) : (+4) = \blacksquare\, 7$
c) $(+54) : (-6) = \blacksquare\, 9$ d) $(+21) : (+7) = \blacksquare\, 3$
e) $(-48) : (-8) = \blacksquare\, 6$ f) $(+25) : (-5) = \blacksquare\, 5$

Tipp gleiche Vorzeichen:
Das Ergebnis ist positiv.
verschiedene Vorzeichen:
Das Ergebnis ist negativ.

2 Rechne im Kopf.
Tipp gleiche Vorzeichen
a) $(-24) : (-2)$ b) $(+35) : (+5)$
c) $(+4,4) : (+2)$ d) $(-3) : (-2)$

Tipp Das Ergebnis ist immer positiv.

3 Berechne.
Tipp verschiedene Vorzeichen
a) $(-42) : (+7)$ b) $(+32) : (-8)$
c) $(+54) : (-9)$ d) $(-3,6) : (+2)$

Tipp Das Ergebnis ist immer negativ.

Hinweis
Denk daran:
$6 = (+6)$

4 Berechne.
Prüfe dein Ergebnis mit der Umkehraufgabe.
Tipp $(-15) : 5 = -3$, da $(-3) \cdot 5 = -15$
a) $42 : (-7)$ b) $(-32) : (-4)$
c) $(-24) : 8$ d) $(-12,9) : (-3)$

Tipp Hier haben sich die Lösungen versteckt:

5 Berechne schriftlich.
Tipp zu e) und f) Wenn man über das Komma geht, setzt man ein Komma im Ergebnis.
a) $868 : (-4)$ b) $(-245) : (-5)$
c) $(-904) : 8$ d) $(-474) : (-6)$
e) $10,5 : (-5)$ f) $(-33,6) : 3$

Tipp zu e) Rechne erst, ohne das Vorzeichen zu beachten.

$10,5 : -5 = -2,\blacksquare$ Komma setzen
$\underline{10}$
$\ 05$
$\ \cdots$

6 Berechne, indem du mit dem Kehrwert multiplizierst.

Tipp $\frac{1}{2} : \frac{3}{5} = \frac{1}{2} \cdot \frac{5}{3} = 1 \cdot \frac{5}{2} \cdot 3 = \frac{5}{6}$
a) $\frac{2}{3} : \left(-\frac{2}{5}\right)$ b) $\left(-\frac{1}{2}\right) : \left(-\frac{1}{6}\right)$
c) $\left(-\frac{3}{7}\right) : \frac{5}{8}$ d) $\left(-\frac{5}{6}\right) : \frac{2}{7}$

Tipp   Bilde den Kehrwert.

7 Herr Meier geht gerne tauchen.
Sein Ziel liegt -32 m unter Wasser.
Pro Minute taucht er -4 m.
Wie viele Minuten braucht er?
Berechne.

Tipp gegeben:
gesucht:
Rechnung:
Antwortsatz:

8 Bilde eigene **Division**saufgaben aus den Kärtchen.
Prüfe mit der Umkehraufgabe.

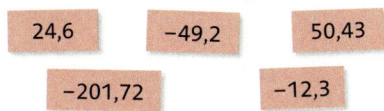

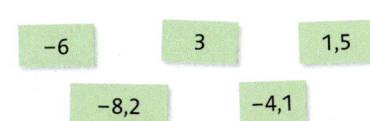

Methode Vorteilhaft rechnen

1 Vergleiche die Rechenwege.

Ich rechne Punkt vor Strich.

Ich klammere erst aus.

$$6 \cdot 34 - 6 \cdot (-16) \qquad\qquad 6 \cdot 34 - 6 \cdot (-16)$$
$$= \quad 204 \quad - \quad (-96) \qquad = 6 \cdot (34 - (-16))$$
$$= \qquad \underline{300} \qquad\qquad = 6 \cdot \qquad 50$$
$$\qquad\qquad\qquad\qquad\qquad = \qquad \underline{300}$$

a) Welchen Rechenweg findest du einfacher?
   Begründe deine Antwort.
b) Berechne die Aufgaben einmal wie Maria und einmal wie Leon.
   ① $5 \cdot 22 - 5 \cdot (-18)$ ② $4 \cdot (-13) + 4 \cdot 23$ ③ $(-3) \cdot 17 + (-3) \cdot 13$

Häufig ergeben sich Rechenvorteile, wenn man Gesetze anwendet.
Beim Multiplizieren von mehreren Zahlen werden die Aufgaben durch Vertauschen oft einfacher.

Vertauschungsgesetz (Kommutativgesetz)
Bei der **Multiplikation** dürfen die Zahlen
vertauscht werden:
$a \cdot b \cdot c = a \cdot c \cdot b$
Das Ergebnis bleibt gleich.

Beispiel 1

Nimm beim Vertauschen immer die Vorzeichen mit!

$$(+5) \cdot 9 \cdot (-2)$$
$$= (+5) \cdot (-2) \cdot 9$$
$$= \quad (-10) \quad \cdot 9 = \underline{-90}$$

Wenn man Klammern vorteilhaft setzt, können Aufgaben einfacher werden.

Verbindungsgesetz (Assoziativgesetz)
Bei der **Multiplikation** dürfen überall
Klammern gesetzt werden:
$(a \cdot b) \cdot c = a \cdot (b \cdot c)$
Das Ergebnis bleibt gleich.

Beispiel 2

a) $(3 \cdot (-7)) \cdot 10$ b) $3 \cdot ((-7) \cdot 10)$
   $= -21 \quad \cdot 10$ $= 3 \cdot \quad (-70)$
   $= \quad \underline{-210}$ $= \quad \underline{-210}$

Einfacher ist es so!

Manche Aufgaben werden einfacher, wenn man zuerst ausmultipliziert oder ausklammert.

Hinweis
1. Summand +
2. Summand
= Summe

Minuend –
Subtrahend
= Differenz

1. Faktor ·
2. Faktor
= Produkt

Verteilungsgesetz (Distributivgesetz)
Beim **Ausmultiplizieren** wird die Zahl vor der
Klammer mit jedem Summanden einzeln
multipliziert.
Das gilt auch, wenn in der Klammer eine
Differenz steht.

Beim **Ausklammern** wird der gemeinsame
Faktor vor die Klammer geschrieben
und erst zum Schluss multipliziert.

Beispiel 3

a) $(-6) \cdot (20 + (-7)) = (-6) \cdot 20 + (-6) \cdot (-7)$
   $\qquad\qquad\qquad\qquad = \quad -120 \quad + \quad 42$
   $\qquad\qquad\qquad\qquad = \qquad \underline{-78}$

b) $4 \cdot (-12) - 4 \cdot 2 = 4 \cdot ((-12) - 2)$
   $\qquad\qquad\qquad\quad = 4 \cdot \quad (-14)$
   $\qquad\qquad\qquad\quad = \underline{-56}$

Der gemeinsame Faktor ist 4.

ANWENDEN

1 Vertausche die Zahlen vorteilhaft und berechne.

Tipp $(-2) \cdot 7 \cdot (-4) = (-2) \cdot (-4) \cdot 7$
$= \quad 8 \quad \cdot 7 = \underline{56}$

a) $5 \cdot (-9) \cdot 2$
b) $2 \cdot 6 \cdot (-50)$
c) $20 \cdot (-8) \cdot (-5)$
d) $4 \cdot (-7) \cdot 25$

Tipp Diese Zahlen passen gut zusammen:
$2 \cdot 5 = 10$
$2 \cdot 50 = 100$
$4 \cdot 25 = 100$
$5 \cdot 20 = 100$

2 Welche Aufgabe fällt dir leichter? Erkläre.

a) $(-7 \cdot 5) \cdot (-2)$ oder
$-7 \cdot (5 \cdot (-2))$
b) $(4 \cdot (-20)) \cdot 9$ oder
$4 \cdot ((-20) \cdot 9)$

Tipp Berechne zuerst die Klammern.

3 Welche Aufgaben haben das gleiche Ergebnis? Begründe deine Antwort.
Tipp Begründe mit einem Gesetz.

$4 \cdot (7 + (-5))$ $9 \cdot ((-3) - 4)$ $4 \cdot 7 + 4 \cdot (-5)$ $(-5) \cdot ((-6) + 8)$

$(-5) \cdot (-6) + (-5) \cdot 8$ $9 \cdot (-3) - 9 \cdot 4$

4 Berechne durch Ausmultiplizieren.
Tipp zu a) $3 \cdot ((-4) + 6) = 3 \cdot (-4) + 3 \cdot 6 = \ldots$

a) $3 \cdot ((-4) + 6)$
b) $(-4) \cdot (10 - (-7))$
c) $8 \cdot ((-5) + 6)$
d) $(-5) \cdot ((-10) - 3)$
e) $9 \cdot (7 + -2)$

Hier haben sich die Lösungen versteckt:

65   6   8 -9
-12 -22 -68 45

Tipp zu b) Vergiss nicht, das Vorzeichen mitzunehmen:

$(-4) \cdot (10 - (-7)) = (-4) \cdot 10 - (-4) \cdot (-7) = \ldots$

5 Berechne durch Ausklammern.

a) $5 \cdot (-3) + 5 \cdot 4$
b) $(-6) \cdot 4 + (-6) \cdot 6$
c) $8 \cdot (-13) + 8 \cdot 3$
d) $(-7) \cdot 25 - (-7) \cdot 15$

Tipp zu a)
$5 \cdot (-3) + 5 \cdot 4 = 5 \cdot ((-3) + 4)$
$= 5 \cdot \blacksquare$
$= \blacksquare$

6 Kevin hat für die Arbeit gelernt.
a) Finde die Fehler und berichtige sie im Heft.
b) An welche Regel muss Kevin denken? Erkläre.

① $4 \cdot 9 + 4 \cdot (-7)$
$= 9 \cdot (4 + (-7))$
$= 9 \cdot (-3)$
$= \underline{-27}$

② $5 \cdot (3 + (-8))$
$= 5 \cdot 3 + 5 \cdot (-8)$
$= 15 + 5 \cdot (-8)$
$= 20 \cdot (-8)$
$= \underline{-160}$

7 Welche Klammern sind nicht notwendig?
Tipp Rechne einmal mit und einmal ohne Klammern. Achte auf Punkt-vor-Strich!
a) $(4 + 8) \cdot (-3) = -36$
b) $9 \cdot (7 + (-2)) = 45$
c) $(6 \cdot (-4)) + (-8) = -32$

Tipp zu a) Berechne:
$(4 + 8) \cdot (-3)$ und $4 + 8 \cdot (-3)$
Ist das Ergebnis gleich?

Dreiecke untersuchen und konstruieren

In diesem Kapitel lernst du, …

→ wie Winkel an Geradenkreuzungen genannt und berechnet werden.
→ wie man Dreiecke beschreiben kann.
→ wie Dreiecke mit Zirkel und Geodreieck nach drei Angaben konstruiert werden:
  – Seite-Winkel-Seite
  – Winkel-Seite-Winkel
  – Seite-Seite-Seite
  – Seite-Seite-Winkel

Die Wagen rasen mit einer enormen Geschwindigkeit über die Schienen: Oft fahren sie mit mehr als 100 $\frac{km}{h}$.
Dabei liegen die Schienen auf einer Konstruktion, die zum größten Teil nur aus Holz besteht.

Betrachtet die Holzkonstruktion genauer.
Wodurch wird das Gerüst möglichst stabil?

ANWENDEN

1 Welche Winkel sind gleich groß?
Wie heißen solche Winkelpaare?

a) 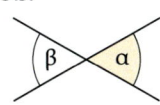 b)

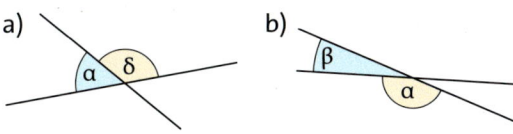

Tipp Achte auf die Farben.
Winkel, die sich gegenüber liegen, sind gleich groß.

2 α ist 60° groß.

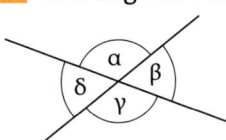

a) Übertrage ins Heft.
b) Färbe den Scheitelwinkel von α auch orange.

Tipp Der Scheitelwinkel von α liegt genau gegenüber.

3 Wie groß ist α?
Wie heißen solche Winkel?

a) b)

Tipp Nebenwinkel ergeben zusammen 180°,
also $\alpha + 130° = 180°$.
Bilde die Umkehraufgabe und berechne:
$180° - 130° = \alpha$

4 Übertrage ins Heft mit $\beta = 60°$.

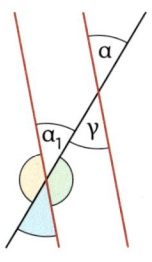

a) β und δ sind Scheitelwinkel.
Wie groß ist δ?
Bestimme ohne zu messen.
b) β und α sind Nebenwinkel.
Wie groß ist α?

Tipp zu b) Du kannst α messen.
Du kannst α aber auch berechnen:
Wie groß sind Nebenwinkel zusammen?

5 α und α_1 sind
Stufenwinkel.
a) Zeige α und α_1.
b) Welche Farbe hat
der Stufenwinkel γ_1 von γ?
c) Was gilt für Stufenwinkel?
Beschreibe.

Tipp Die Stufenwinkel α und α_1 sind schon eingezeichnet.

6 Wechselwinkel
a) Welche Farbe hat der Wechselwinkel von β?
Beschreibe, wie du vorgegangen bist.
b) Wie groß ist der Wechselwinkel von β?
c) Wie groß ist α? Begründe.
d) Welche Farbe hat der Wechselwinkel von α?

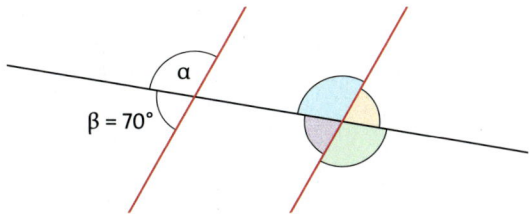

7 Übertrage ins Heft. Die Geraden g und h sind parallel zueinander, kurz g∥h.
a) Zeichne den Stufenwinkel α_1 von α ein.
b) Zeichne den Scheitelwinkel γ von α ein.
c) Wo liegt der Wechselwinkel von α? Zeichne ein.
d) Wie groß ist der Wechselwinkel von α?

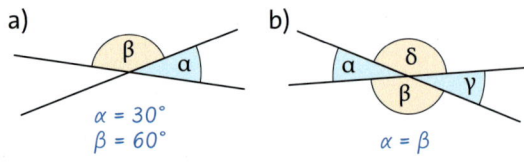

8 Achtung, Fehler! Was ist hier falsch? Korrigiere im Heft.

Tipp α und β sind Nebenwinkel. Überlege, was für Nebenwinkel gilt.

a)

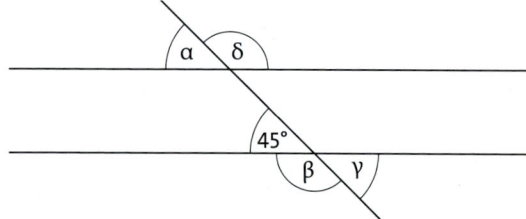

α = 30°
β = 60°

b)

α = β

9 Wahr oder falsch? Entscheide.
a) Nebenwinkel sind gleich groß.
b) Für α = 80° gilt: Der Nebenwinkel von α ist 100° groß.
c) Für β = 80° gilt: Der Scheitelwinkel von β ist 100° groß.
d) Wechselwinkel sind immer gleich groß.
e) Wenn der Stufenwinkel von α 30° groß ist, dann ist α = 150°.

Tipp Zeichne eine Skizze ins Heft und prüfe die Aussagen.
Es gibt 2 wahre Aussagen.

10 👥 Wie groß sind die Winkel?

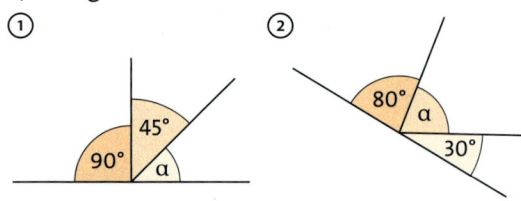

Tipp Die Lösungen stehen hier:

45°   45°
135°   135°
45°

11 An der orangen Geraden liegen drei Winkel genau aneinander.
a) Wie groß ist α? Berechne.

① ②

Tipp Ein gestreckter Winkel hat die Größe 180°.

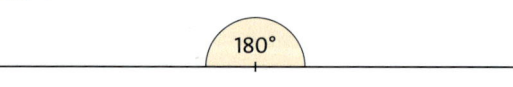

180°

b) Überprüfe dein Ergebnis mit dem Geodreieck.
c) Zeichne eine Gerade ins Heft. Zeichne drei Winkel genau aneinander ein und miss ihre Größe.

Strategie Winkelsumme im Dreieck begründen

ANWENDEN

1 👥 Zeichnet ein beliebiges Dreieck auf ein Blatt Papier und schneidet es aus. Beschriftet die Winkel.
a) Messt die Winkel und addiert sie. Was fällt euch auf?
b) Reißt die drei Ecken ab und legt die Winkel mit den Scheitelpunkten aneinander. Wie groß ist der gesamte Winkel?

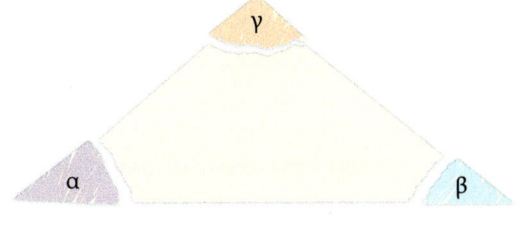

2 Erkläre die Zeichnung.
a) Was für ein Winkelpaar sind α und α_1? Stufenwinkel, Wechselwinkel, Nebenwinkel oder Scheitelwinkel?
b) Sind β und β_1 gleich groß? Begründe.
c) Wie stehen γ und γ_1 zueinander?
d) Wie groß sind β_1, γ_1 und α_1 zusammen?
e) Was gilt dann auch für $\alpha + \beta + \gamma$? Begründe.

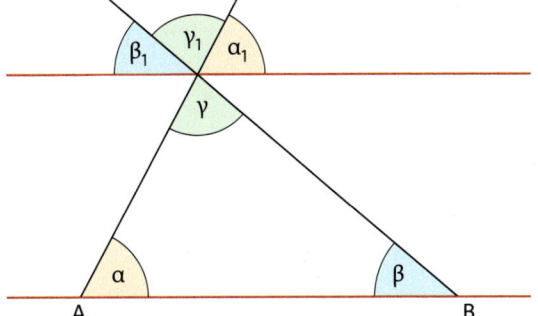

Innenwinkelsumme im Dreieck
In jedem Dreieck beträgt die Summe aller drei Innenwinkel 180°:
$$\alpha + \beta + \gamma = 180°$$

Beispiel 1

$$40° + 60° + 80° = 180°$$

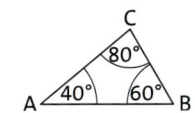

3 Wie groß ist der fehlende Winkel?
a)

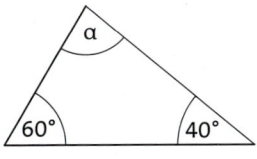

b)

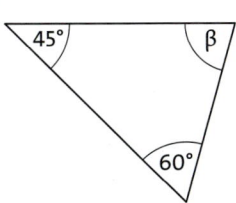

Tipp zu a) $180° - 60° - 40° = \alpha$

4 Wie groß muss der dritte Winkel in einem Dreieck sein? Berechne.
a) $\alpha = 50°$; $\beta = 80°$; $\gamma = $ ▩
b) $\alpha = 30°$; $\beta = 50°$; $\gamma = $ ▩
c) $\alpha = 100°$; $\beta = $ ▩; $\gamma = 30°$

Tipp $\alpha + \beta + \gamma = 180°$

5 👥 Gibt es ein Dreieck mit den angegebenen Winkeln?
Begründet eure Antwort.
a) $\alpha = 90°$; $\beta = 60°$; $\gamma = 80°$
b) $\alpha = 20°$; $\beta = 70°$; $\gamma = 90°$
c) $\alpha = 130°$; $\beta = 25°$

Tipp Alle 3 Winkel zusammen sind 180° groß.

ANWENDEN

1 Benenne die Dreiecke nach ihren Seitenlängen.

a) 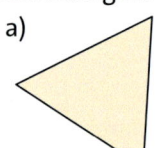 b) 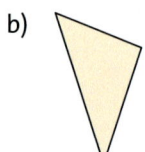 c)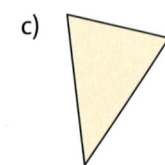

Tipp Gleich lange Seiten haben dieselbe Farbe. Ordne zu:

gleichseitiges Dreieck

gleichschenkliges Dreieck

unregelmäßiges Dreieck

2 Benenne nach den Winkelgrößen.

a) 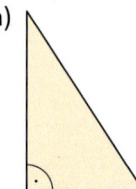 b) 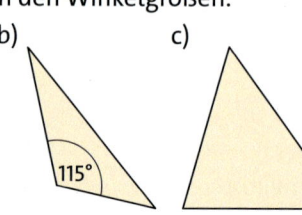 c)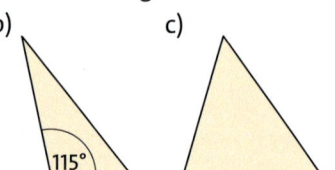

115°

Tipp Ordne zu:

spitzwinkliges Dreieck

stumpfwinkliges Dreieck

rechtwinkliges Dreieck

Info Gleichschenklige Dreiecke
Hier gibt es besondere Bezeichnungen.

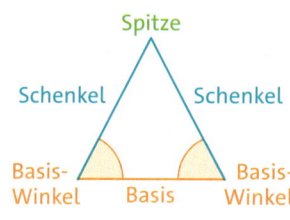

Spitze

Schenkel   Schenkel

Basis-Winkel   Basis   Basis-Winkel

3 Zeichne ein gleichschenkliges Dreieck.
Tipp Nutze das Karoraster im Heft.
a) Färbe die Schenkel in blau und die Basis in orange.
b) Färbe die **Basis**winkel in orange.
c) Was gilt für die Schenkel und was für die **Basis**winkel?
Beschreibe.

4 Gib im gleichschenkligen Dreieck die Basis und die Basiswinkel an.
a) a = 5 cm; b = 5 cm; c = 6 cm
b) α = 90°; β = 45°; γ = 45°

Tipp Verwende die Skizze.
Basiswinkel sind gleich groß.
Die Basis hat eine andere Länge als die Schenkel.

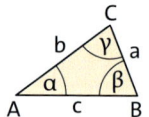

5 Miss die Seiten und Winkel.
Was für ein Dreieck ist das?

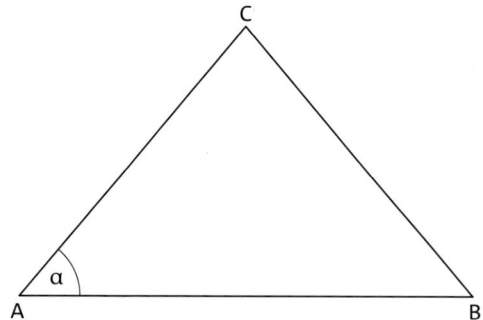

C

α

A   B

Tipp Benenne das Dreieck zuerst nach seinen Seitenlängen und nach seinen Winkeln.

Info Achsensymmetrische Dreiecke
Ein **gleichseitiges** Dreieck hat **drei** Symmetrieachsen.

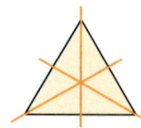

6 Zeichne ein gleichschenkliges Dreieck.
a) Wie viele Symmetrieachsen gibt es? Begründe.
b) Zeichne alle Symmetrieachsen ein.

ANWENDEN

1 Welche Planfigur passt zu welcher Aufgabe?
Ordne zu.

Ⓐ a = 2 cm; b = 4 cm; γ = 20°

Ⓑ c = 3 cm; a = 5 cm; β = 40°

Ⓒ $\overline{AB}$ = 2 cm; b = 5 cm; α = 55°

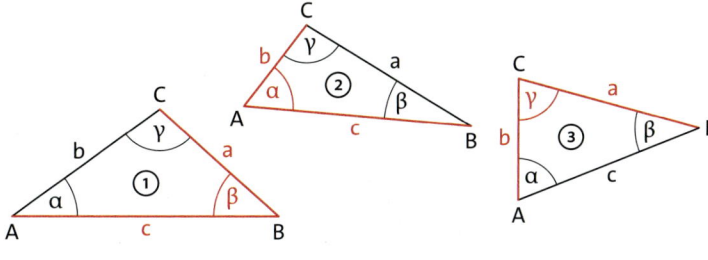

2 Skizziere ein Dreieck als Planfigur.
a) Benenne alle Ecken, Seiten und Winkel.
b) Färbe in rot:
   Seiten a und b, Winkel γ.

Tipp Beschrifte immer gegen den
Uhrzeigersinn.

3 Was gehört zusammen?
Ⓐ Gegebenes in der Planfigur markieren
Ⓑ Seite c zeichnen
Ⓒ Winkel β zeichnen
Ⓓ a von B aus messen; A und C verbinden

Tipp Die Konstruktionsschritte A bis D sind
schon in der richtigen Reihenfolge.

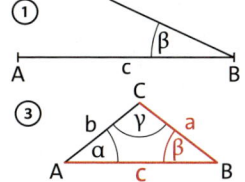

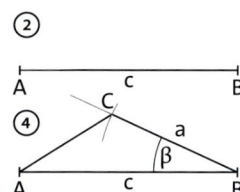

4 Kai soll das Dreieck ABC mit a = 3 cm,
b = 4 cm und γ = 50° konstruieren.
So sieht seine Planfigur aus.

Es ist leichter, wenn ich unten
mit einer waagerechten Seite
anfangen kann.

a) Was meint Kai?
b) Was kann Kai tun?

Tipp Zeichne 2 weitere Planfiguren.
① a liegt unten
② b liegt unten
Welche Planfigur hilft dir am besten?
Vergleiche.

5 Konstruiere das Dreieck ABC im Heft:
a = 6 cm, c = 5 cm und β = 45°.

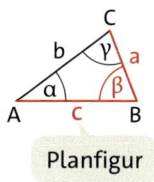

Planfigur

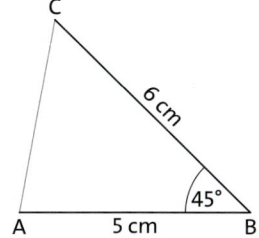

Tipp ① Seite c = 5 cm zeichnen.
② Im Punkt B den Winkel β = 45° zeichnen.
③ Seite a = 6 cm am Schenkel von
   β abmessen.

6 Konstruiere das Dreieck ABC.

Tipp Zeichne zuerst eine Planfigur.

a) c = 5 cm; α = 50°; b = 4 cm

b) c = 6 cm; α = 30°; b = 3 cm

c) b = 3 cm, α = 90°; c = 6 cm

    Tipp Mit welcher Seite beginnst du?
Beschrifte die Seite wie in der Planfigur.

d) a = 7 cm; γ = 80°; b = 5 cm

Tipp Färbe in einer Planfigur die gegebenen Seiten und den Winkel.
zu c) Die Seite b hat die Eckpunkte ■ und ■.

7 Hier stimmt etwas nicht!
Begründe und korrigiere die Zeichnung.

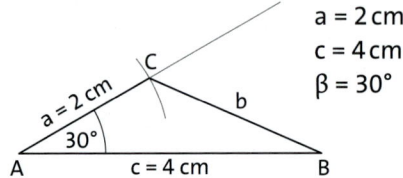

a = 2 cm
c = 4 cm
β = 30°

Tipp So sieht eine richtige Planfigur aus.

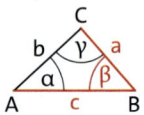

8 👥 Schreibe die Konstruktionsschritte für das Dreieck ABC ins Heft.
Gegeben ist: c = 6 cm, β = 80° und a = 4 cm.
Lies die Konstruktionsschritte langsam vor, damit sie dein Lernpartner zeichnen kann.

Tipp Beginne mit einer Planfigur.

9 Eine Leiter steht an der Wand.
Die Leiter, die Wand und der Boden bilden zusammen ein Dreieck.

a) Zeige den Winkel zwischen der Wand und dem Boden.
Welche Größe hat er?

    70°   90°   120°

b) Die Leiter endet 4 m über dem Boden.
Sie steht 3 m vom Haus entfernt.
Zeichne eine Planfigur ins Heft.
Welche Seiten und Winkel färbst du?

c) Konstruiere als Dreieck maßstäblich:
    Tipp Zeichne für 1 m in der Wirklichkeit
1 cm im Heft.

d) Wie lang ist die Leiter in deiner Zeichnung?
Wie lang ist die Leiter in Wirklichkeit?

Tipp zu c) und d) Zeichne im Maßstab 1:100.
Das bedeutet, dass 1 cm im Heft 100 cm in Wirklichkeit sind.
100 cm sind 1 m.
Teile zuerst durch 100.
Miss ab und nimm das Ergebnis mit 100 mal.

10 Konstruiere die besonderen Dreiecke.
Benenne die Dreiecke.

Tipp Denke an Seiten und Winkel.

a) α = 90°, c = 4 cm und b = 6 cm

b) c = 4,5 cm, a = 4,5 cm und β = 45°

c) b = 5 cm, c = 5 cm und α = 60°

Tipp Beginne mit einer Planfigur.
Verwende diese Begriffe:

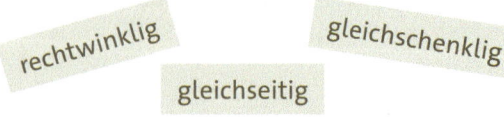

rechtwinklig   gleichschenklig   gleichseitig

ANWENDEN

1 Welche Planfigur passt zur Konstruktion Winkel-Seite-Winkel (WSW)?
Tipp Das Gegebene ist rot markiert.

Tipp Prüfe die Anzahl der markierten Seiten und Winkel.
Bei WSW kommt nur eine Seite vor.

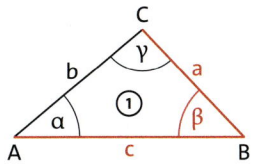
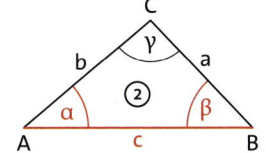

2 Zeichne eine Planfigur für ein Dreieck.
Tipp Ecken: A, B, C; Seiten: a, b, c
a) Benenne: Ecken, Seiten und Winkel.
b) Färbe: Seite a, Winkel β und γ.

Tipp Beschrifte immer gegen den Uhrzeigersinn.

3 Was gehört zusammen? Ordne zu.
Ⓐ in einer Planfigur Seite und Winkel färben
Ⓑ Seite c zeichnen
Ⓒ Winkel α zeichnen
Ⓓ Winkel β zeichnen, C benennen

Tipp Die Konstruktionsschritte A bis D sind schon in der richtigen Reihenfolge.

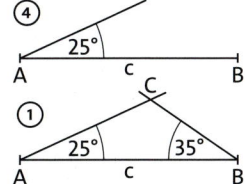
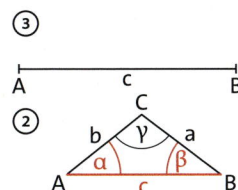

4 Konstruiere das Dreieck ABC mit
c = 5 cm, α = 40° und β = 60°.
① Übertrage die Planfigur ins Heft.
② Zeichne Seite c = 5 cm. Beschrifte die Eckpunkte A und B.
③ Zeichne α = 40°.
④ Zeichne β = 60°. Der Schnittpunkt ist C.

Tipp Zum Beschriften der Punkte A und B hilft dir die Planfigur. Dort kannst du sehen, wo die Punkte liegen.

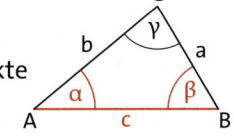

5 Konstruiere das Dreieck ABC im Heft.
Schreibe zuerst auf:
Was ist gegeben?
Was zeichnest du zuerst?

Tipp zu a) geg.: c = 2,5 cm, α = 46° und β = 65°

a)
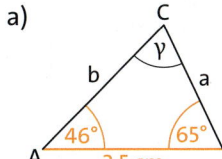

b)
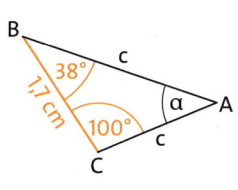

6 Konstruiere das Dreieck ABC.
Tipp Zeichne zuerst eine Planfigur.
a) $c = 6\,cm; \alpha = 60°; \beta = 45°$
b) $c = 4,5\,cm; \beta = 40°; \alpha = 90°$
c) $a = 5\,cm; \beta = 30°; \gamma = 75°$
d) $b = 4,2\,cm; \alpha = 60°; \gamma = 85°$

Tipp Beginne mit der Seite.
Trage sofort ihre Eckpunkte ein.

7 Jan meint: „Ich glaube, ich habe die Winkel
vertauscht!" Hat Jan recht? Berichtige im Heft.

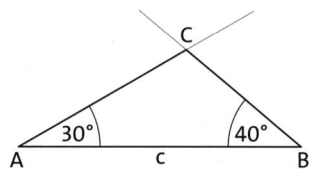

$c = 3,5\,cm$
$\alpha = 40°$
$\beta = 30°$

Tipp So sieht eine richtige Planfigur aus.

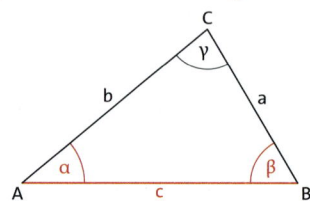

8 👥 Schreibe die Konstruktionsschritte für
das Dreieck ABC ins Heft.
Gegeben ist: $b = 4\,cm$, $\alpha = 25°$ und $\gamma = 50°$.
Lies die Konstruktionsschritte langsam vor,
damit sie dein Lernpartner zeichnen kann.

Tipp Beginne mit einer Planfigur.

9 Eine Leiter steht an
einer Hauswand.
a) Wie groß ist der Winkel
zwischen der Hauswand
und dem Boden?
Begründe.
b) Konstruiere als Dreieck
maßstäblich.
Tipp Zeichne für 1 m in Wirklichkeit 1 cm
im Heft.
Beginne mit dem Boden.
c) Ivan sagt: „Die Leiter ist ungefähr 3,5 cm
lang."
Was sagst du dazu?

Tipp Leiter, Boden und Hauswand bilden ein
Dreieck.
Zeichne im Heft nur das Dreieck.
zu b) Maßstab:
1 m entspricht 1 cm
1,5 m entspricht 1,5 cm
2 m entspricht ■

10 Konstruiere das Dreieck ABC.
Berechne erst den dritten Winkel.
a) $c = 7\,cm; \beta = 40°; \gamma = 120°$
b) $a = 5,5\,cm; \alpha = 85°; \beta = 35°$

Tipp Die Winkelsumme in einem Dreieck
beträgt immer 180°.
$\alpha = 180° - 40° - 120°$
$\gamma = 180° - ■ - ■$

11 👥 Kira sagt: „Nicht bei allen Winkelvorgaben entsteht ein Dreieck!
Wenn ich zwei Winkel mit jeweils 90° habe, kann kein Dreieck entstehen."
a) Erstellt eine Skizze und erklärt, was Kira meint.
b) Könnt ihr ein Dreieck mit $\alpha = 6\,cm$, $\beta = 80°$ und $\gamma = 120°$ konstruieren?
Begründet.
c) Wie müssen bei WSW die gegebenen Winkelgrößen sein, damit ein Dreieck entsteht?
Schreibt eine Regel auf.
Tipp Denkt auch an den dritten Winkel.

ANWENDEN

1 Drei Seiten des Dreiecks sind gegeben. Welche Planfigur passt?

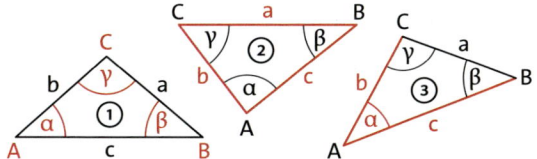

2 Skizziere eine Planfigur für ein Dreieck.
a) Benenne: Ecken, Seiten und Winkel.
b) Färbe: Seite a, Seite b und Seite c.
c) Es ist egal, wie lang die Seiten sind. Die Planfigur ist immer gleich. Stimmt das?

Tipp Beschrifte immer gegen den Uhrzeigersinn.

3 Welcher Konstruktionsschritt ist das?

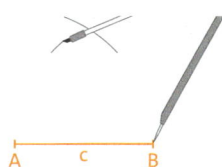

Tipp Überlege:
① Um welchen Punkt wird der Kreisbogen gezeichnet?
② Welche Seite liegt an B an?

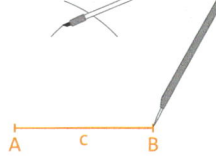

Ⓐ Kreisbogen um A mit Radius b

Ⓑ Kreisbogen um B mit Radius b

Ⓒ Kreisbogen um B mit Radius a

4 Konstruiere das Dreieck ABC mit c = 5 cm, b = 6 cm und a = 4,5 cm.
① Übertrage die Planfigur ins Heft.
② Zeichne Seite c = 5 cm. Beschrifte die Eckpunkte A und B.
③ Zeichne einen Kreisbogen um A mit r = b.
④ Zeichne einen Kreisbogen um B mit r = a.
⑤ Verbinde A und B mit dem Schnittpunkt.

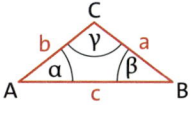

Tipp In der Planfigur kannst du sehen, wo die Punkte A und B liegen.
Stelle den richtigen Radius am Zirkel ein:
- Der Kreis um A hat den Radius r = 6 cm.
- Der Kreis um B hat den Radius r = 4 cm.

5 Bei der Konstruktion nach SSS kannst du mit jeder Seite beginnen.
Probiere es aus und beginne mit der Seite b: a = 6 cm, b = 5,5 cm und c = 7 cm.
Tipp Die Planfigur zeigt dir, welchen Radius du am Zirkel einstellen musst.

Tipp

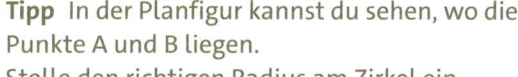

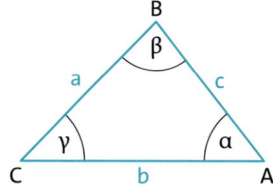

6 👥 Erika meint: „Wenn ich ganze Kreise zeichne, dann gibt es zwei Schnittpunkte und auch zwei Dreiecke."
a) Konstruiert auf einem Blatt Papier wie Erika: a = 6,5 cm; b = 5 cm; c = 4,2 cm.
b) Schneidet die beiden Dreiecke aus. Was stellt ihr fest?

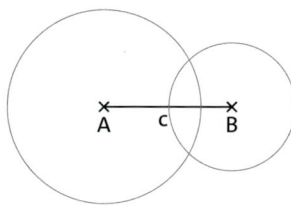

7 Zeichne im Heft eine Planfigur zu einem Dreieck und beantworte die Fragen.

Tipp Lies an der Planfigur ab.

a) Welche Seiten des Dreiecks gehen von Punkt A aus?

b) Welche Seite liegt Punkt B gegenüber?

c) Welche Seiten gehen von Punkt B aus?

Tipp Beschrifte deine Planfigur vollständig.

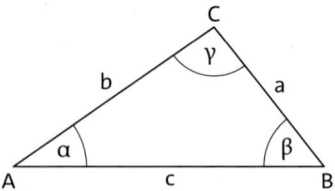

8 Konstruiere das Dreieck ABC.

a) $c = 8\,cm$; $b = 5\,cm$; $a = 7\,cm$

b) $c = 4,5\,cm$; $b = 2,5\,cm$; $a = 3\,cm$

c) $a = 5,2\,cm$; $b = 3,6\,cm$; $c = 4,7\,cm$

    Tipp Beginne mit Seite c.

d) $\overline{BC} = 3\,cm$; $\overline{AC} = 5\,cm$; $\overline{AB} = 3,5\,cm$

Tipp Beginne mit einer Planfigur. Achte darauf, den richtigen Radius am Zirkel einzustellen.

9 Konstruiere das gleichseitige Dreieck ABC im Heft.

Tipp Hier brauchst du den Zirkel.

a) $a = 4\,cm$; $b = 4\,cm$; $c = 4\,cm$

b) $a = b = c = 5\,cm$

c) $c = 3,5\,cm$

Tipp Ein gleichseitiges Dreieck hat drei gleich lange Seiten.

10 Kevin hat eine neue Taschenlampe. In welchem Winkel strahlt das Licht?

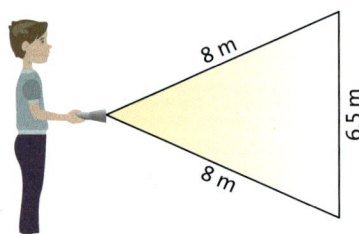

Tipp Hier ist der gesuchte Winkel eingezeichnet.

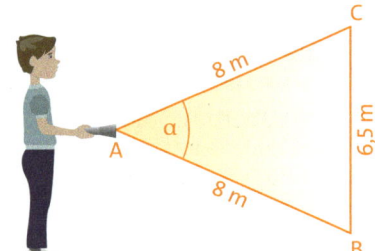

a) Konstruiere das Dreieck im Heft.

    Tipp Wähle 1 cm für 1 m in Wirklichkeit.

b) Miss den Winkel an der Lampe.

11 Ist jedes Dreieck nach SSS konstruierbar?

> $a = 2\,cm$, $b = 4\,cm$ und $c = 6\,cm$? Das wird kein Dreieck!

> Zwei Dreiecks-Seiten müssen zusammen länger sein als die dritte Seite.

a) Was meint Paul? Erklärt.

    Tipp Versucht, das Dreieck zu legen.

b) Was sagt ihr zu Lolas Aussage?

c) Mit welchen Angaben kann ein Dreieck konstruiert werden? Begründet zeichnerisch oder rechnerisch.

    ① $a = 8\,cm$; $b = 2\,cm$; $c = 4\,cm$

    ③ $a = 9\,cm$; $b = 4\,cm$; $c = 5\,cm$

    ② $a = 4\,cm$; $b = 5\,cm$; $c = 2\,cm$

    ④ $a = 2,1\,cm$; $b = 2,3\,cm$; $c = 4,8\,cm$

ANWENDEN

1 Welche Planfigur gehört zu welcher Aufgabe? Ordne zu.

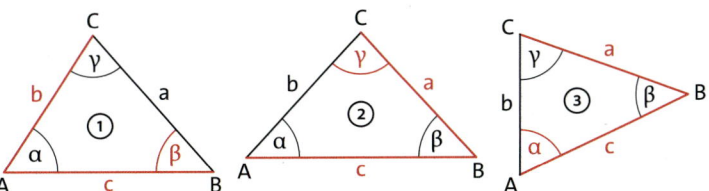

Ⓐ a = 3 cm; c = 2 cm; α = 20°

Ⓑ c = 3 cm; b = 5 cm; γ = 40°

Ⓒ γ = 50°; a = 3 cm; c = 4 cm

2 Skizziere eine Planfigur für ein Dreieck.
Tipp Beschrifte sie vollständig.
a) Färbe: Seite a, Seite b und Winkel β.
b) Welche Seite muss in deiner Planfigur nach
   SsW länger sein: a oder b?

Tipp So benennst du ein Dreieck:
① Eckpunkte mit Großbuchstaben (A, B, C)
② Seiten mit Kleinbuchstaben (a, b, c)
③ Winkel mit griechischen Buchstaben
   (α, β, γ)

3 Welcher Konstruktionsschritt ist das?

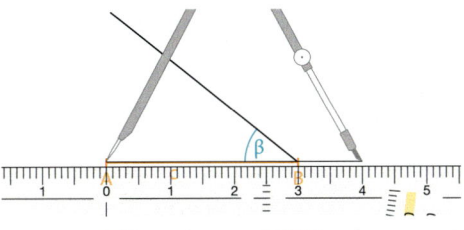

Tipp Die Seite c ist gezeichnet.
Der Winkel β ist auch gezeichnet.
Welche Seite liegt gegenüber von β?

Ⓐ Kreisbogen
um B mit
Radius a

Ⓑ Kreisbogen
um A mit
Radius a

Ⓒ Kreisbogen
um A mit
Radius B

4 Konstruiere das Dreieck ABC mit
c = 4 cm, b = 5 cm und β = 25°.
① Übertrage die Planfigur ins Heft.
② Zeichne Seite c = 4 cm.
   Beschrifte die Eckpunkte
   A und B.
③ Zeichne den Winkel
   β = 25°.
④ Zeichne einen Kreisbogen
   um A mit r = b.
⑤ Verbinde A und B mit dem Schnittpunkt.

Tipp In der Planfigur kannst du sehen, wo die
Punkte A und B liegen.
Wähle am Geodreieck die Skala, die an der
Seite c beginnt.
Stelle den Radius b = 5 cm am Zirkel ein.

5 Konstruiere das Dreieck im Heft.
Schreibe zuerst auf:
Was ist gegeben?
Tipp Zeichne eine Planfigur.
Beginne mit der Seite a.

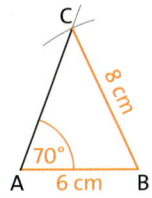

Tipp Gehe so vor:
① Zeichne die kürzere Seite a.
② Zeichne in Punkt B den Winkel β.
③ Zeichne um Punkt A mit dem Zirkel einen
   Kreisbogen mit dem Radius b.

6 Konstruiere das Dreieck ABC.
a) c = 6 cm, a = 7 cm und α = 45°
b) c = 4,5 cm, b = 5,5 cm und β = 80°
c) a = 3,5 cm, c = 4 cm und γ = 100°

Tipp Markiere in einer Planfigur die gegebenen Seiten und den gegebenen Winkel. Zeichne zuerst die *kürzere* Seite.

7 Schreibe die Konstruktionsschritte für das Dreieck ABC ins Heft.
Gegeben ist: c = 2 cm, b = 4 cm und β = 70°.
Lies die Konstruktionsschritte langsam vor, damit sie dein Lernpartner zeichnen kann.

Tipp Beginne mit einer Planfigur. Zeichne zuerst die Seite c

8 Lilly wandert. Unterwegs steigt sie auf einen kleinen Berg.

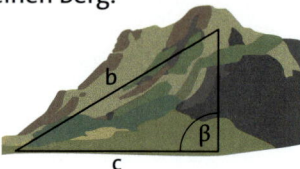

a) Übertrage ins Heft mit c = 600 m, b = 700 m und β = 90°.
  Tipp Wähle den Maßstab 1:10 000.
b) Wie hoch ist der Berg?
  Miss ab und rechne in die Wirklichkeit um.

Tipp Beginne mit einer Planfigur. Zeichne die Strecke von 600 m. Rechne maßstäblich um. Eine Tabelle hilft dabei.

in Wirklichkeit	im Heft
100 m	1 cm
200 m	2 cm
300 m	3 cm
…	…

Dann zeichne den Winkel von 90°.

9 Hila soll das Dreieck eindeutig konstruieren. Aber die Vorgaben sind unvollständig.

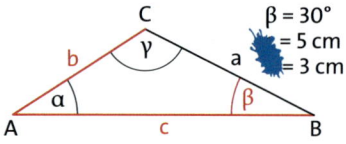

Welche Seite hat welche Länge? Entweder ist c = 5 cm und b = 3 cm oder…

a) Welche beiden Möglichkeiten gibt es für die Seiten?
b) Konstruiere das Dreieck nach den beiden Möglichkeiten.
  Was fällt dir dabei auf?
c) Hila meint: „Eindeutig kann man das Dreieck nur nach der einen Möglichkeit konstruieren."
  Welche meint sie? Gib die Längen von b und c an.

10 Tara konstruiert das Dreieck ABC nach SsW mit a = 3,5 cm, c = 5 cm und ▨ = 50°.
Welcher Winkel ist gegeben?
Tipp Welche Seite ist länger, a oder c? Welcher Winkel liegt der längeren Seite gegenüber?

Tipp Markiere a und c in einer Planfigur.

11 Ist das Dreieck eindeutig konstruierbar? Entscheide, ohne zu konstruieren.
a) a = 3 cm; c = 4 cm; α = 40°
b) a = 4 cm; c = 3 cm; α = 40°
c) a = 4 cm; b = 5 cm; α = 40°

Tipp Wenn der Winkel der *längeren* Seite gegenüber liegt, dann ist ein Dreieck ABC eindeutig konstruierbar.

Methode **Dreiecke mit einer DGS konstruieren**

Dreiecke können am Computer mit einer dynamischen Geometrie-Software (DGS) schnell und genau konstruiert werden. Die Figuren können bewegt, verändert und gemessen werden.

ANWENDEN

1 Starte das Programm.
Oben in der Leiste findest du verschiedene **Werkzeuge**.

a) Was kannst du mit den Werkzeugen tun?
Probiere es aus.

b) Wo findest du die folgenden Werkzeuge?
Zeichne das passende Symbol dazu ins Heft.
Tipp Klicke auf das kleine Dreieck an den Werkzeugen ⌐P⌐ .

| Strahl | Schneide |

Kreis mit Mittelpunkt und Radius

Winkel mit fester Größe

Strecke mit fester Länge

2 Seitenlängen messen

a) Zeichne ein Dreieck mit dem Werkzeug ⟨▽⟩ .
Tipp Mit jedem Klick setzt du einen Eckpunkt auf die Zeichenfläche.
Klicke zum Schluss wieder auf den ersten Punkt.

b) Wie lang sind die Seiten des Dreiecks?
Miss mit dem Werkzeug ⌐?⌐ .

c) Verschiebe einen Punkt des Dreiecks mit dem Werkzeug ⟨ .
Was stellst du fest? Beschreibe.

3 Tom und Elif wollen in einem Dreieck die **Winkel messen**.
Dabei gehen sie unterschiedlich vor.

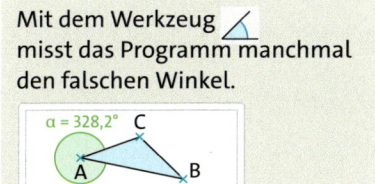

Mit dem Werkzeug ⟨∠⟩ misst das Programm manchmal den falschen Winkel.

α = 328,2° C
A B

Ich benutze das Werkzeug ⟨▽⟩ (Vieleck) und klicke alle Eckpunkte an.
Mit dem Werkzeug ⟨∠⟩ klicke ich in das Dreieck und erhalte die Größe der Innenwinkel.

a) Probiere beide Wege zum Messen der Winkelgröße aus.

b) Worauf musst du bei Toms Weg achten? Beschreibe.
Tipp Klicke die Eckpunkte in unterschiedlicher Reihenfolge an.

c) Welcher Weg ist für dich einfacher? Begründe.

4 Wie werden die Winkel α = 75° und β = 75° konstruiert?
Gib die Reihenfolge der Schritte an.

Ⓐ Punkt A anklicken
Ⓑ Punkt B anklicken
Ⓒ 75° tippen
Ⓓ „gegen den Uhrzeigersinn" anklicken
Ⓔ „im Uhrzeigersinn" anklicken

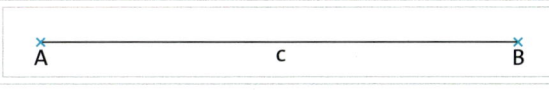

5 Zeichne eine Strecke mit der Länge 7 cm.
So gehst du dabei vor:
① Klicke das Werkzeug „Strecke mit fester Länge" an.
② Klicke irgendwo auf die Zeichenfläche. Dort erscheint ein Punkt.
③ Es öffnet sich ein Fenster. Tippe dort den Wert 7 ein. Bestätige mit OK.

Tipp

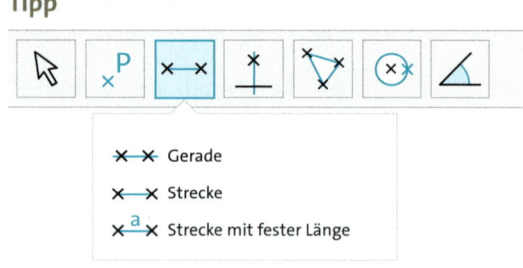

6 Konstruiere das Dreieck ABC mit a = 4 cm, b = 5 cm und c = 6 cm.
Bringe die Konstruktionsschritte in die richtige Reihenfolge.

Ⓐ Zeichne $\overline{AB}$ mit 6 cm.
⤬ᵃ⤬ Strecke mit fester Länge

Ⓑ Zeichne $\overline{AC}$ mit 5 cm und $\overline{BC}$ mit 4 cm.
⊗ Kreis mit Mittelpunkt und Radius

Ⓒ Verbinde A mit C und B mit C.
⤬⤬ Strecke

Ⓓ Zeichne eine Planfigur. ✏ Stift

Ⓔ Bestimme Punkt C.
✄ Schneide

7 Schreibe die Konstruktionsschritte für das Dreieck ABC auf:
c = 5 cm, b = 6 cm und a = 3 cm
Überprüfe deine Lösung mit einer DGS.

Tipp Die Schritte aus Aufgabe 6 helfen dir.

Hinweis
Wichtig: Fertige auch hier zuerst eine Planfigur an.

8 Konstruiere das Dreieck ABC mit
$\overline{AB}$ = 5 cm, $\overline{BC}$ = 4 cm und $\overline{AC}$ = 3 cm:
① Zeichne die Strecke $\overline{AB}$ = 5 cm.
② Zeichne einen Kreis um A mit r = 3 cm.
③ Zeichne einen Kreis um B mit r = 4 cm

Tipp Markiere in einer Planfigur:
$\overline{AB}$ = c; $\overline{BC}$ = a; $\overline{AC}$ = b

9 Konstruiere im Koordinatensystem das Dreieck ABC mit A(1|1), B(7|1) und C(3|6).
Tipp Gehe für Punkt C vom Ursprung (0|0) aus:
3 Einheiten nach rechts (→) und 6 Einheiten nach oben (↑).
a) Lass dir die Winkelgrößen anzeigen.
b) Verschiebe den Punkt C, sodass das Dreieck
 – einen rechten Winkel hat. Gib drei mögliche Koordinaten von C an.
 – gleichschenklig ist. Gib drei mögliche Koordinaten von C an.
 Tipp Wenn du die Maus über den Punkt bewegst, werden die Koordinaten angezeigt.
c) Gib die Koordinaten von C an, sodass das Dreieck gleichseitig ist.
 Wie gehst du dabei vor? Beschreibe.

10 👥 Konstruiert das Dreieck ABC mit c = 9 cm, a = 7,5 cm und α = 45°.
a) Warum ist die Konstruktion nicht eindeutig?
 Begründet.
b) Wie lang kann die Seite b sein?
 Gebt zwei mögliche Längen an.
c) Verändert die Länge von Seite a, bis ein eindeutiges Dreieck entsteht.
 Wie lang kann Seite a sein?

Zuordnungen

In diesem Kapitel lernst du, …

→ Zuordnungen zu erkennen und darzustellen.
→ proportionale Zuordnungen zu erkennen.
→ Werte von proportionalen Zuordnungen mit dem Dreisatz zu berechnen.
→ antiproportionale Zuordnungen zu erkennen.
→ Werte von antiproportionalen Zuordnungen mit dem Dreisatz zu berechnen.

Jedem T-Shirt ist ein Preis zugeordnet. Das ist der Einzelpreis. Ein T-Shirt kostet 20 €.
Wenn man 2 gleiche T-Shirts kauft, so muss man 2-mal den Einzelpreis bezahlen.
Wie viel ist das?
Wenn man 5 oder 10 T-Shirts kauft, dann erhöht sich der Preis entsprechend.
Das ist bei vielen Sachen so, die man kaufen kann.
Kennst du andere Beispiele?

ANWENDEN

Zum Weiterarbeiten

👥 *Stellt weitere Fragen zu den Zuordnungen. Beantwortet die Fragen gegenseitig.*

1 Beschreibe die Zuordnung. Beantworte die Fragen.

Tipp zu a) Jedem Kind wird sein Haustier in einem Pfeildiagramm zugeordnet: Kind → Haustier.

a) Welches Haustier hat Alex?
   Wer hat einen Hund?

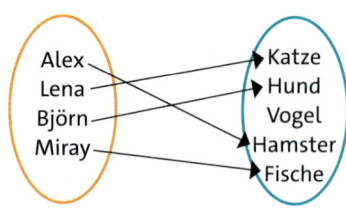

b) Wie viele Stimmen hat Erkan?
   Wer hat weniger als 6 Stimmen bekommen?

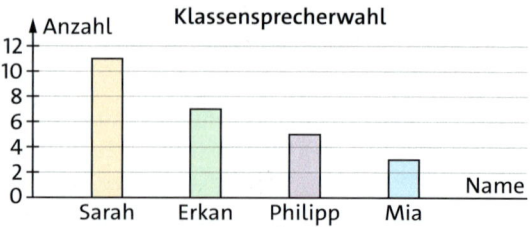

c) Bei der Klassensprecherwahl hat Aylin 12 Stimmen, Sina 8 Stimmen und Pit 7 Stimmen bekommen.
   Wer hat die meisten Stimmen bekommen?
   Wer hat die wenigsten Stimmen bekommen?

d) Wie viel kosten 5 Stifte?
   Wie viele Stifte kann man für 2 € kaufen?

Anzahl Stifte	1	2	3	5
Preis in €	0,80	1,60	2,40	4,00

2 Übertrage und ergänze das Pfeildiagramm. Beschreibe die Zuordnung mit Worten.

Tipp Am Morgen ist es ... Uhr.

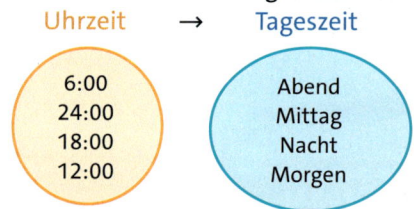

3 Beschreibe die Zuordnung. Übertrage und ergänze die Tabelle im Heft.

Tipp Unter den Säulen stehen die Jahre. Links kann man ablesen, wie viele Nashörner es in jedem Jahr gab. Jedem Jahr wird die Anzahl von ■ zugeordnet.

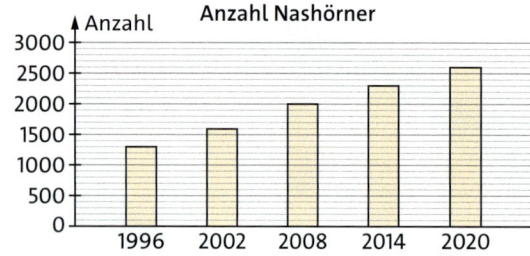

Jahr	1996	2002	2008		
Nashörner	1300			2300	2600

4 Betrachte die Angaben zum Wetter. Jeder Uhrzeit wird ■ zugeordnet. Finde verschiedene Möglichkeiten.

Tipp Mit **Worten:** Um 14 Uhr sind es ... Grad. Mit **Pfeilen:** 14 Uhr → ... °C

Strategie Steigende und fallende Zuordnungen

Zuordnungen kann man mit den Begriffen **steigend** und **fallend** beschreiben.

Für eine **steigende** Zuordnung gilt:
Wenn sich die Werte der einen Größe **vergrößern**, dann **vergrößern** sich auch die Werte der anderen Größe.

Für eine **fallende** Zuordnung gilt:
Wenn sich die Werte der einen Größe **vergrößern**, dann **verkleinern** sich die Werte der anderen Größe.

6 Ist das eine steigende oder eine fallende Zuordnung? Begründe.

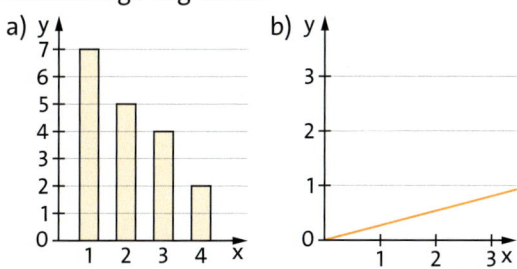

a)
b)

c) Anzahl der Brötchen → Preis
d) Zeit → Temperatur von Kaffee
e) Anzahl der Milchkühe → Liter Milch
f) 👥 Findet selbst Zuordnungen.
   Fragt euch gegenseitig, ob sie steigend oder fallend sind.

7 Beschreibe zuerst den Graphen. Beantworte dann die Fragen.

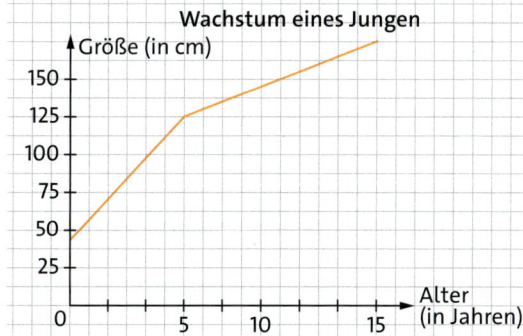

a) Wie groß war der Junge bei der Geburt?
b) Wie groß war er mit 15 Jahren?
c) Wann war der Junge 150 cm groß?

5 Ergänze die fehlenden Wörter. Handelt es sich um eine steigende oder um eine fallende Zuordnung? Entscheide.

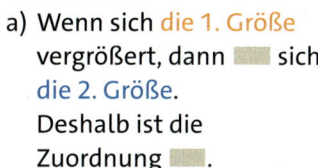

a) Wenn sich die 1. Größe vergrößert, dann ▨ sich die 2. Größe.
   Deshalb ist die Zuordnung ▨.

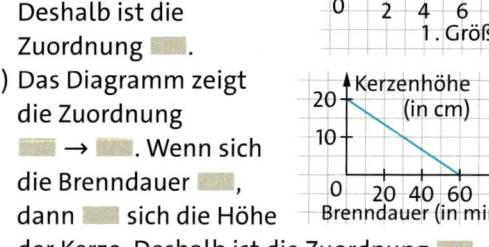

b) Das Diagramm zeigt die Zuordnung ▨ → ▨. Wenn sich die Brenndauer ▨, dann ▨ sich die Höhe der Kerze. Deshalb ist die Zuordnung ▨.

Tipp Eine Zuordnung heißt **steigend**, wenn beide Werte größer werden.
Eine Zuordnung heißt **fallend**, wenn der eine Wert größer und der andere Wert kleiner wird.

Tipp Unten steht das Alter in Jahren.
Links kann man ablesen, …
Jedem Alter wird ▪ zugeordnet.
Beispiel: Mit 5 Jahren war der Junge 125 cm groß.

ANWENDEN

1 Vervollständige die Sätze.
1 Stunde Nachhilfeunterricht kostet 20 €.
a) Die doppelte Anzahl an Nachhilfestunden
sind ■ Stunden. Sie kosten ■ €.
b) Eine halbe Stunde Nachhilfeunterricht
kostet nur die Hälfte. Das sind ■ €.

Tipp **Doppelt** bedeutet „mal 2".
Die **Hälfte** bedeutet „geteilt durch 2".

2 Überprüfe die Tabellen. Sind das
proportionale Zuordnungen?
a)

Anzahl	1	2	4
Preis in €	5	10	20

b)

Anzahl	1	2	4
Preis in €	2	4	12

Tipp Beispiel für eine proportionale
Zuordnung:

Anzahl	2	4	8
Preis in €	3	6	12

·2   ·2

·2   ·2

3 Welcher Graph zeigt eine proportionale
Zuordnung? Erkläre, woran du das erkennst.

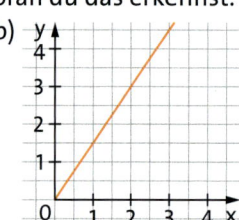

Tipp Eine Gerade durch den Ursprung (0|0)
zeigt eine proportionale Zuordnung.

4 Zeichne Graphen zu den Tabellen.
Welche Graphen gehören zu proportionale
Zuordnungen? Begründe.
a)

Anzahl	0	1	2	3	4
Preis in €	0	2	4	6	8

b)

Anzahl	0	1	2	3	4
Preis in €	0	1	3	4	4

c)

Anzahl	0	1	2	3	4
Preis in €	2	3	4	5	6

Tipp Stelle dir zwei Fragen:
① Ist der Graph eine Gerade?
② Geht die Gerade durch den Ursprung (0|0)?
Wenn beides stimmt, dann zeigt der Graph
eine proportionale Zuordnung.

5 Bilde aus den Kärtchen Aussagen über proportionale Zuordnungen.
Schreibe die vollständigen Sätze in dein Heft.

Je größer   Verdoppelt sich   desto kleiner

Verdoppelt sich   Je weniger   desto größer

die Anzahl der Packungen   Zeit

der Preis   die zurückgelegte Strecke

die Anzahl der Bonbons   das Gewicht

6 Ist das eine proportionale Zuordnung?
Begründe.

a)

b)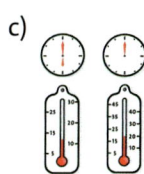

c)

Tipp Für eine proportionale Zuordnung gilt:
Wenn man den Ausgangwert verdoppelt,
dann verdoppelt sich auch der zugeordnete
Wert.

7 Auf dem Wochenmarkt
Lies die Preise für
die Kirschen ab
und trage sie in die Tabelle ein.

Tipp Suche **100** auf der unteren Achse.
Gehe gerade hoch ↑ bis zum Graphen.
Gehe nach links ← bis zur anderen Achse.
Dort steht **0,50**.
Also kosten 100 g Kirschen 0,50 €.

Kirschen in g	100	200	300	400	500
Preis in €					

8 In 1 Stunde (kurz: h) fährt ein Auto 80 km.
Das kann man so schreiben:
Strecke in km = Zeit in Stunden · 80
Ergänze die Tabelle.

Tipp Beispiel für 10 Stunden:
10 · 80 = 800

Zeit in h	1	2	3	5
Strecke in km	80			

Info Für alle proportionalen Zuordnungen
gilt, dass
    zugeordneter Wert : Ausgangswert
immer die gleiche Zahl ergibt.

Das nennt man **quotientengleich**.

9 In 1 Stunde (h) fährt ein Zug 150 km.

Zeit in h	1	2	4	10
Strecke in km	150	300	600	1500

Teile den zugeordneten Wert durch den
Ausgangswert. Was fällt dir auf? Ist das eine
proportionale Zuordnung? Begründe.

Tipp Teile die untere Zahl (zugeordneter
Wert) durch die obere Zahl (Ausgangswert).

10 Sind das proportionale Zuordnungen?
Prüfe, ob sie quotientengleich sind.

a)

Anzahl	1	2	4	8
Preis in €	2	4	8	16

b)

Stunden	1	2	3	6
Kilometer	70	140	210	420

ANWENDEN

1 Ergänze die Tabelle im Heft.

Tipp Rechne rechts immer mit der gleichen Zahl wie links.

a)

Anzahl	Preis in €
4	20
1	5
9	▦

:4   :4
·9   ·▦

b)

Anzahl	Preis in €
10	70
1	▦
3	▦

:10   :▦
·3   ·▦

c)

Anzahl	Preis in €
8	24
1	▦
4	▦

:8   :▦
·▦   ·▦

2 Dreisatz ausformulieren

a) Ergänze die Tabelle im Heft.

Tipp Rechts und links stehen die gleichen Zahlen.

Anzahl	Preis in €
2	10
1	▦
3	▦

:2   :▦
·5   ·▦

b) Formuliere drei Sätze zur Tabelle:
   1. Satz: 2 kosten 10 €.
   2. Satz: 1 kostet ▦ €.
   3. Satz: 12 kosten ▦ €.

3 Übertrage die Tabelle.
Ergänze die Pfeile und berechne.

Tipp

Anzahl	Preis in €
4	12
1	3
6	18

:4   :4
·6   ·6

a)

Anzahl	Preis in €
8	72
1	▦
17	▦

b)

Anzahl	Preis in €
25	100
1	▦
13	▦

4 Finde und beschreibe die Fehler. Berichtige die Fehler im Heft.

a)

Anzahl Flaschen	Preis in €
12	24
1	288
1	72

:12   :12
·4   ·4

b)

Anzahl Bücher	Preis in €
5	30
1	150
3	50

·5   ·5
:3   :3

5 Schreibe die beiden bekannten Werte in die 1. Zeile. Ergänze die Pfeile. Berechne.
2 Mappen kosten 1 €.
1 Mappe kostet 0,50 €.
5 Mappen kosten ▦ €.

Anzahl Mappen	Preis in €
▦	▦
▦	▦
▦	▦

Tipp Dividiere erst auf beiden Seiten. Multipliziere dann auf beiden Seiten.

6 Löse die Aufgabe mit dem Dreisatz.

a) 3 Packungen Schokoriegel kosten 12 €.
Wie viel kosten 5 Packungen?

b) Herr Klein verdient in 3 Stunden 42 €.
Wie viel verdient er in 7 Stunden?

c) In 5 Autos können 20 Personen fahren.
Wie viele Personen können in 9 Autos
fahren?

Tipp Trage die Werte in die Tabelle ein.
Berechne erst, wie viel 1 Stück kostet.

7 Welches Angebot ist günstiger?

a)   b)

| 2 kg
für
10 € | 5 kg
für
24 € | | 3 kg
für
12 € | 8 kg
für
30 € |

Tipp Berechne den Preis für 1 kg.
Vergleiche dann die Preise.

Methode Beim Dreisatz muss man nicht
immer auf 1 gehen.
Ein Radfahrer braucht für 20 km 50 min.
Wie lange braucht er für 30 km?

Strecke in km	Zeit in min
20	50
10	25
30	75

:2 ·3   :2 ·3

Wenn man auf 10 geht, dann kann man mit
einfacheren Zahlen rechnen.

8 Rechne geschickt.
Julia fährt mit dem Fahrrad.
Sie braucht für 12 km 36 Minuten.
Berechne, wie lange sie für 60 km braucht.
Tipp Die Tabelle beginnt so:

Strecke in km	Zeit in min
12	36
6	18
60	■

:2 · ■   :2 · ■

9 Übertrage die Tabelle. Ergänze die Pfeile
und berechne. Rechne geschickt.

a)
Anzahl	Preis in €
30	60
10	■
40	■

b)
Anzahl	Preis in €
25	100
5	■
10	■

Tipp

Anzahl	Preis in €
4	12
1	3
6	18

:4 ·6   :4 ·6

10 Aus dem Berufsleben
In einer Fabrik werden in 6 Stunden
18 Tassen produziert.

a) Wie viele Tassen werden in 13 Stunden
produziert?

b) In wie vielen Stunden werden 30 Tassen
produziert?

c) Pro Monat werden 500 Tassen produziert.
Wie viele Tassen sind es in einem Jahr?

Tipp Rechne mithilfe einer Tabelle.
Wie viele Tassen werden in 1 Stunde
produziert?

Strategie Schätzen über Vergleichsgrößen

Wie hoch ist die Mauer in Wirklichkeit?

Vergleiche die Mauer mit dem Mann.
Miss die Höhe der Mauer und die Höhe
des Mannes im Bild.
Für die Person kann man in Wirklichkeit
eine Größe von 1,80 m annehmen.

Dann kann man so vorgehen:

	Höhe im Bild in cm	wirkliche Höhe in m
Mann	2	1,80
Mauer	4	3,60

·2 ... ·2

Die Mauer ist in Wirklichkeit etwa
3,60 m hoch.

ANWENDEN

1 Berechne die Höhe
des Dinosauriers.
a) Miss die Höhen im
Bild. Vergleiche sie
in einer Tabelle mit
den wirklichen Höhen.
b) Bestimme die wirkliche Höhe des
Dinosauriers.
Tipp Miss die Höhe des Dinosauriers und die
Höhe der Person im Bild. Nutze eine Tabelle.

Tipp Die Tabelle kann zum Beispiel so
aussehen:

	Höhe im Bild in cm	wirkliche Höhe in m
Mann		
Dinosaurier		

2 Die Hand hat in
Wirklichkeit eine
Länge von 12 cm.
Berechne daraus
die Länge des
Pferdes in
Wirklichkeit.
Tipp Miss zuerst
die Längen von Hand
und Pferd im Bild.

Tipp Vergleiche in einer Tabelle die Längen im
Bild mit den Längen in Wirklichkeit.

3 Ochsenfrösche sind etwa 20 cm groß,
springen aber bis zu 2 m weit.
Wie weit könntest du mit der gleichen
Sprungkraft springen?

	Körperhöhe in cm	Sprung- weite in cm
Frosch	20	200
Mensch	150	

·▢ ... ·▢

ANWENDEN

1 Vervollständige die Sätze.
10 Bagger brauchen 4 Stunden,
um einen Graben auszuheben.
a) Die doppelte Anzahl Bagger sind
   ■ Bagger. Sie brauchen ■ Stunden.
b) 5 Bagger sind
   die Hälfte,
   sie brauchen
   die doppelte Zeit,
   also ■ Stunden.

Tipp Doppelt bedeutet „mal 2".
Die **Hälfte** bedeutet „geteilt durch 2".

2 Überprüfe, ob das eine antiproportionale
Zuordnung ist.
a)

Anzahl Personen	1	2	4
Zeit in h	20	10	5

b)

Anzahl Personen	1	2	4
Zeit in h	60	30	10

Tipp Beispiel für eine antiproportionale
Zuordnung:

Anzahl Personen	2	4	8
Zeit in h	12	6	3

·2   ·2 (oben)
: 2   : 2 (unten)

3 Prüfe, ob die Graphen zu
antiproportionalen Zuordnungen gehören.
a)   b)

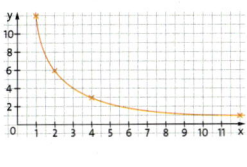
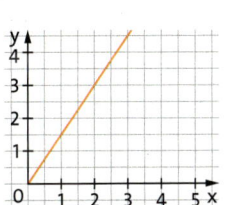

Tipp Bei einer antiproportionalen Zuordnung
liegen alle Werte auf einer fallenden Kurve.

4 Zeichne die Graphen. Welche gehören zu
antiproportionale Zuordnungen? Begründe.
a)

Arbeiter	1	2	3	4	5
Zeit in h	60	30	20	15	12

b)

Arbeiter	1	2	3	4	5
Zeit in h	50	40	30	20	10

Tipp Prüfe: Wenn sich der Ausgangswert
verdoppelt (halbiert),
dann halbiert (verdoppelt) sich
der zugeordnete Wert.

5 Bilde aus den Kärtchen Aussagen über antiproportionale Zuordnungen.
Schreibe die vollständigen Sätze in dein Heft.

| Je größer | verdoppelt sich | Je kleiner |
| halbiert sich | desto kleiner | desto größer |

die Anzahl der Kekse für jeden
die Dauer
die Anzahl der Freunde
die Arbeitszeit
die Anzahl der Arbeiter
die Anzahl der Pumpen

6 Handelt es sich um eine antiproportionale Zuordnung? Begründe.

a) 6 Bagger benötigen 6 Stunden, um einen Graben auszuheben. 3 Bagger brauchen doppelt so lange.

b) 1 Pizza backt 15 Minuten im Backofen. 2 Pizzen brauchen genauso lange.

c) Der Futtervorrat für 1 Kaninchen reicht für 4 Tage. Für 2 Kaninchen reicht das Futter halb so lange.

Tipp Für antiproportionale Zuordnungen gilt: Wenn sich der eine Wert verdoppelt, dann halbiert sich der andere Wert. Wenn sich der eine Wert halbiert, dann verdoppelt sich der andere Wert.

7 Ein großer Haufen Sand soll mit Lkws abtransportiert werden.

a) Ergänze die Tabelle im Heft. Lies die Werte für die Anzahl der Fahrten ab.

Tipp zu a) Schau im Koordinatensystem nach. Die Anzahl der Lkws findest du links. Beispiel: Bei 12 Lkws ist nur eine Fahrt nötig.

Anzahl Fahrten	1	2	6	12
Anzahl Lkws				

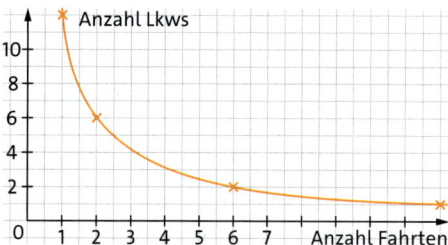

b) Ist das eine antiproportionale Zuordnung? Begründe. Nutze dazu Tabelle und Graph.

Info Für alle antiproportionalen Zuordnungen gilt, dass das Produkt

Ausgangswert · zugeordneter Wert

für jedes Wertepaar immer die gleiche Zahl ergibt.

Das nennt man **produktgleich**.

8 Das Futter reicht bei 2 Hasen für 12 Tage.

Anzahl Hasen	1	2	4	8
Anzahl Tage	24	12	6	3

Multipliziere den Ausgangswert mit dem zugeordneten Wert. Was fällt dir auf? Ist das eine antiproportionale Zuordnung? Begründe.

Tipp Multipliziere die obere Zahl mit der unteren Zahl.

9 Sind das antiproportionale Zuordnungen? Prüfe, ob die Wertepaare produktgleich sind.

a)

Arbeiter	2	3	4	6
Zeit in h	6	4	3	2

b)

Arbeiter	1	2	3	6
Zeit in h	60	30	15	10

ANWENDEN

1 Ergänze die Tabelle im Heft.

a)

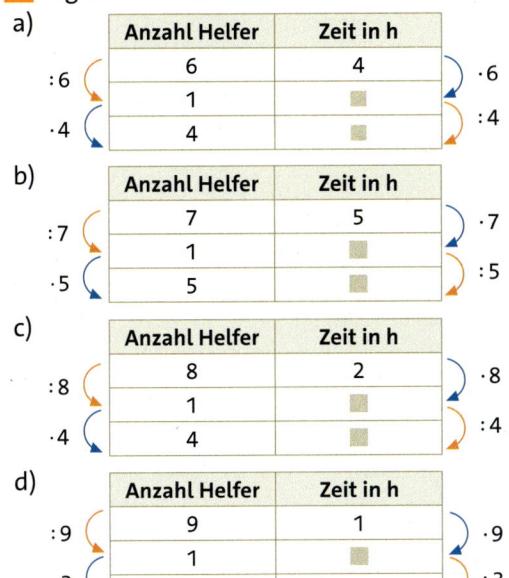

Anzahl Helfer	Zeit in h
6	4
1	▨
4	▨

: 6   · 6
· 4   : 4

b)

Anzahl Helfer	Zeit in h
7	5
1	▨
5	▨

: 7   · 7
· 5   : 5

c)

Anzahl Helfer	Zeit in h
8	2
1	▨
4	▨

: 8   · 8
· 4   : 4

d)

Anzahl Helfer	Zeit in h
9	1
1	▨
3	▨

: 9   · 9
· 3   : 3

Tipp Rechne rechts immer mit der gleichen Zahl wie links.
Achtung:
links dividieren, aber rechts multiplizieren;
links multiplizieren, rechts dividieren.

2 Ergänze die Tabelle im Heft.

a)

Anzahl Helfer	Zeit in h
2	10
1	▨
5	▨

: 2   · 2
· 5   : 5

b)

Anzahl Helfer	Zeit in h
8	5
1	▨
5	▨

: 8   · ▨
· 5   : ▨

Tipp Wenn du links multiplizierst, dann musst du rechts dividieren und umgekehrt.

c) Formuliere drei Sätze zu den Tabellen:
Beginne so:
1. Satz: 2 Helfer brauchen 10 Stunden.
2. Satz: 1 Helfer braucht ▨ Stunden.
3. Satz: 5 Helfer brauchen ▨ Stunden.

3 Übertrage die Tabellen.
Ergänze die Pfeile und berechne.

a)

Anzahl Helfer	Zeit in h
20	2
1	▨
5	▨

b)

Anzahl Helfer	Zeit in h
7	4
1	▨
14	▨

c)

Anzahl Helfer	Zeit in h
4	10
1	▨
20	▨

d)

Anzahl Helfer	Zeit in h
10	▨
1	50
5	▨

Tipp

Anzahl Helfer	Zeit in h
12	2
1	24
3	8

: 12   · 12
· 3   : 3

4 Finde und beschreibe die Fehler. Berichtige die Fehler im Heft.

a)

Anzahl Helfer	Zeit in h
5	10
1	2
20	40

:5 ↱ :5
·20 ↱ ·20

b)

Anzahl Helfer	Zeit in h
9	10
1	90
2	180

:9 ↱ ·9
·2 ↱ :2

5 Übertrage die Werte in die Tabelle. Ergänze die Pfeile und berechne.
Für 5 Hamster reicht das Futter 4 Tage.
Für 1 Hamster reicht das Futter ▩ Tage.
Für 2 Hamster reicht das Futter ▩ Tage.

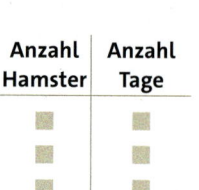

Anzahl Hamster	Anzahl Tage
▩	▩
▩	▩
▩	▩

Tipp Wenn du links multiplizierst, dann musst du rechts dividieren und umgekehrt.

6 Löse die Aufgabe mit dem Dreisatz.
a) Ein Auto fährt von Salzgitter nach Emden. Es braucht 3 Stunden mit 80 km/h. Wie lange braucht das Auto mit 60 km/h?
b) Aus den Stühlen in der Aula sollen mehrere gleich lange Sitzreihen gebildet werden. Wenn jede Reihe aus 24 Stühlen besteht, dann gibt es 10 Reihen. Wenn jede Reihe aus 16 Stühlen besteht, wie viele Reihen gibt es dann?

Tipp zu a) Rechne zuerst auf 1 Stunde herunter.
zu b) Rechne zuerst auf 1 Stuhl herunter.

7 Leo und Yvi haben dieselbe Aufgabe gerechnet.
a) Erkläre, wie Leo und Yvi gerechnet haben.

Leo hat so gerechnet:

Anzahl Hamster	Anzahl Tage
20	12
1	240
30	8

:20 ↱ ·20
·30 ↱ :30

Yvi hat so gerechnet:

Anzahl Hamster	Anzahl Tage
20	12
10	24
30	8

:2 ↱ ·2
·3 ↱ :3

Tipp Du musst nicht immer auf 1 rechnen.

b) Rechne wie Yvi:

Anzahl Hamster	Anzahl Tage
40	3
10	▩
30	▩

c) Rechne wie Yvi:

Anzahl Helfer	Zeit in h
25	20
5	▩
10	▩

Strategie Proportional oder antiproportional?

Wie kannst du erkennen, ob eine Zuordnung proportional oder antiproportional ist?
Dazu musst du die Zuordnung genauer untersuchen.

① **Graphen**

Beispiel 1
Der Graph dieser Zuordnung ist eine Gerade durch den Ursprung (0|0). Deshalb ist die Zuordnung proportional.

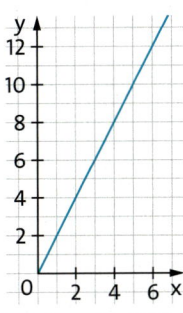

Beispiel 2
Der Graph dieser Zuordnung ist eine Hyperbel. Deshalb ist die Zuordnung antiproportional.

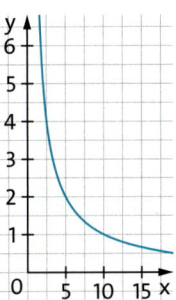

In jedem anderen Fall ist die Zuordnung nicht proportional und nicht antiproportional.

② **Dreisatz**

Beispiel 3

	erste Größe	zweite Größe	
:2	2	6	:2
	1	3	
·5	5	15	·5

Auf beiden Seiten wird durch die gleiche Zahl dividiert.
Auf beiden Seiten wird mit der gleichen Zahl multipliziert.
Deshalb ist die Zuordnung proportional.

Beispiel 4

	erste Größe	zweite Größe	
:2	2	12	·2
	1	24	
·3	3	8	:3

Wenn links dividiert wird, dann wird rechts multipliziert.
Und umgekehrt.
Deshalb ist die Zuordnung antiproportional.

In jedem anderen Fall ist die Zuordnung nicht proportional und nicht antiproportional.

③ **Tabellen**

Beispiel 5 Ein Auto fährt 80 $\frac{km}{h}$.

Je größer die gefahrene Strecke ist, desto größer ist die vergangene Zeit.

Strecke in km	80	160	240	400
Zeit in h	1	2	3	5
Strecke : Zeit	80	80	80	80

Wenn man die Strecke durch die Zeit teilt, dann erhält man immer denselben Wert. Die Zuordnung ist quotientengleich und damit proportional.

Beispiel 6 Ein Auto fährt 200 km.

Je größer die Geschwindigkeit ist, desto kleiner ist die benötigte Zeit.

Geschwindigkeit in $\frac{km}{h}$	50	80	100	125
Zeit in h	4	2,5	2	1,6
Geschwindigkeit · Zeit	200	200	200	200

Wenn man die Geschwindigkeit mit der Zeit multipliziert, dann erhält man immer denselben Wert. Die Zuordnung ist produktgleich und damit antiproportional.

In jedem anderen Fall ist die Zuordnung nicht proportional und nicht antiproportional.

ANWENDEN

1 Überprüfe, ob das Diagramm eine proportionale, antiproportionale oder eine andere Zuordnung darstellt. Begründe.

a)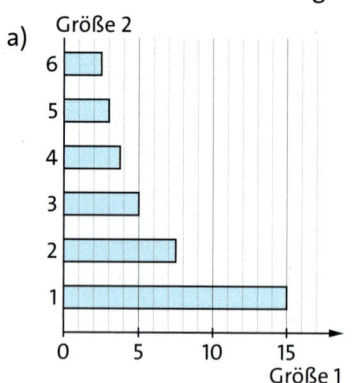

b)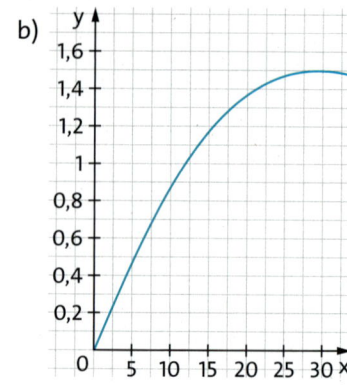

c)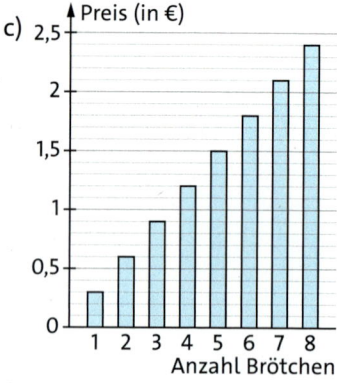

2 Prüfe, ob es sich um eine proportionale oder antiproportionale Zuordnung handelt.

a)
erste Größe	zweite Größe
2	4
1	2
4	8

b)
erste Größe	zweite Größe
2	5
1	10
10	1

Tipp Diese Zuordnung ist antiproportional: Wenn links dividiert wird, dann wird rechts multipliziert.

	erste Größe	zweite Größe	
:6	6	10	·6
·3	1	60	:3
	3	20	

3 Untersuche die Wertepaare. Prüfe, ob es sich um eine proportionale oder antiproportionale Zuordnung handelt.

a)
erste Größe	100	80	60	20
zweite Größe	5	4	3	1

b)
erste Größe	50	25	20	5	2
zweite Größe	2	4	5	20	50

c)
erste Größe	4	8	16	32	64
zweite Größe	8	16	32	64	128

Tipp Wenn du beim Dividieren immer die gleiche Zahl erhältst, dann ist die Zuordnung proportional.
Wenn du beim Multiplizieren immer die gleiche Zahl erhältst, dann ist die Zuordnung antiproportional.

4 Prüfe, ob es sich um eine proportionale oder antiproportionale Zuordnung handelt.
a) Ein Auto fährt in 1 Stunde 80 km.
   In 3 Stunden fährt es 240 km.
b) Ein Auto braucht 7,4 l Benzin für 100 km.
   Es braucht 14,8 l für 200 km.
c) Ein Auto fährt von Oldenburg nach Wolfsburg.
   Mit 60 $\frac{km}{h}$ benötigt es 4 Stunden.
   Mit 80 $\frac{km}{h}$ benötigt es 3 Stunden.

Tipp Wenn du eine Tabelle anlegst, dann kannst du die Werte besser vergleichen. Überlege, was für proportionale Zuordnungen gilt und was für antiproportionale Zuordnungen gilt.

Terme und Gleichungen

In diesem Kapitel lernst du, …

→ Regeln für Muster und Zahlenfolgen zu erkennen.
→ Variable und Terme zu nutzen.
→ Terme zu addieren und zu subtrahieren.
→ Terme zu multiplizieren und zu dividieren.
→ Gleichungen durch Probieren oder anschaulich zu lösen.

Die Wippe mit den Steinen ist im Gleichgewicht,
weil die Steine auf beiden Seiten gleich schwer sind.
Was passiert, wenn man auf der rechten Seite den obersten Stein wegnimmt?
Schätze: Welche Steine kann man auf beiden Seiten wegnehmen,
so dass die Wippe im Gleichgewicht bleibt?

ANWENDEN

1 Übertrage das Muster ins Heft
und ergänze es.
Beschreibe das Muster.
Tipp Nutze diese Sätze:
Es kommt immer … und dann …
Ein Quadrat kommt immer dazu.
Danach geht es von vorne los.

a)
b)
c)
d)

2 Übertrage ins Heft.
Ergänze die nächsten 3 Figuren.
Beschreibe das Muster.

a)

b)

c)

Tipp

Das Muster besteht aus Sternen und Smileys.
Zuerst kommt ein …, dann folgt ein … und
dann …

3 Übertrage ins Heft.
Setze das Muster um 3 Figuren fort.
Schreibe die Zahlenfolge auf.

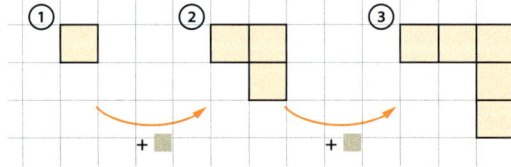

Tipp Wie viele Kästchen hat Figur ①?
Wie viele Kästchen kommen bei Figur ②
dazu?
Die Regel lautet: + ■

Strategie Regel zu einer Zahlenfolge finden
– Wie kommt man zur nächsten Zahl:
  mit +, −, · oder :?
– Werden die Zahlen abwechselnd kleiner
  und größer?
  Dann besteht die Regel aus 2 Teilen.
Achtung! Die Regel muss für die gesamte
Zahlenfolge gelten.

4 Übertrage und ergänze die Lücken.
a) $2 \rightarrow 4 \rightarrow 6 \rightarrow 8 \rightarrow ■ \rightarrow 12 \rightarrow ■ \rightarrow 16$
b) $80 \rightarrow 75 \rightarrow 70 \rightarrow ■ \rightarrow 60 \rightarrow ■ \rightarrow ■ \rightarrow 45$
c) $10 \rightarrow 20 \rightarrow 40 \rightarrow ■ \rightarrow 160 \rightarrow ■ \rightarrow 640$
d) $192 \rightarrow 96 \rightarrow ■ \rightarrow 24 \rightarrow ■ \rightarrow 6 \rightarrow ■$
e) $18 \rightarrow 21 \rightarrow 19 \rightarrow 22 \rightarrow ■ \rightarrow 23 \rightarrow ■ \rightarrow 24$
   $\rightarrow 22$

5 Übertrage ins Heft. Finde die Regel und
ergänze die nächsten 3 Zahlen.
a) 1, 4, 7, 10

b) 17, 15, 13, 11
   $\rightarrow ■ \rightarrow ■ \rightarrow ■ \rightarrow ■$
c) 7, 8, 10, 13
   $\rightarrow ■ \rightarrow ■ \rightarrow ■ \rightarrow ■$

Tipp Wenn die Zahlen größer werden:
Kommt man mit + oder · zur nächsten Zahl?
Wenn die Zahlen kleiner werden:
Kommt man mit − oder : zur nächsten Zahl?

ANWENDEN

1 Bilde 4 verschiedene Terme.

 + − · x 5 6

Tipp $5 + x$ ist ein Term mit Variable.
$7 − 3$ ist ein Term ohne Variable.

2 Betrachte den Term $26 − x$.
Setze für x die Zahl ein und
berechne den Wert des Terms.
a) $x = 4$ b) $x = 6$ c) $x = 12$

Tipp $26 − x$ Setze für x die Zahl 4
für $x = 4$: $26 − 4 = …$ ein und berechne.

3 Setze für die Variable x die Zahl 4 ein.
Berechne den Wert des Terms.
a) $x + 13$ b) $5 · x$ c) $36 : x$

Tipp Variable $x = 4$
Term $x + 13$
Wert des Terms $4 + 13 = …$

4 Berechne den Wert des Terms im Heft.
Tipp Setze für x die Zahl ein und berechne.

		x = 1	x = 2	x = 3	x = 4	x = 5
a)	$x + 7$					
b)	$35 − x$					
c)	$8 · x$					
d)	$60 : x$					

Tipp x ist ein Platzhalter.
Setze für x die Zahl ein und berechne.

		x = 1	x = 2	x = 3	x = 4	x = 5
a)	$x + 7$					
b)	$35 − x$					
c)	$8 · x$					
d)	$60 : x$					

Setze in den Term $x + 7$ für
$x = 1$ ein: $1 + 7 = 8$
8 ist der Wert des Terms.

5 Buchbestellung im Internet

Jedes Buch: 6 €
Liefergebühr: 4 €

Der Preis für 2 Bücher ist $2 · 6 + 4 = 16$ €
Der Preis für 3 Bücher ist $3 · 6 + 4 = 22$ €
a) Erkläre den Term $x · 6 + 4$. Wofür steht x?
b) Berechne die Preise.
   ① Liam bestellt 1 Buch.
   ② Ella bestellt 5 Bücher.

Tipp Steht die Variable x für die Anzahl der
Bücher oder für die Liefergebühr?

Strategie Terme aufstellen
Gib die Aufgabe mit eigenen Worten
wieder.
Stelle dann einen Term auf.
Achte auf Schlüsselwörter:
Entscheide:
Musst du
addieren (+),
subtrahieren (−),
multiplizieren (·)
oder dividieren (:)?

6 Welcher Term passt zur Aufgabe?

$x − 12$ $x : 12$ $x · 12$ $x + 12$

a) x ist die Anzahl der Teilnehmer einer
   Rallye. Kurz vor dem Start kommen noch
   12 Teilnehmer hinzu.
b) x ist der Preis für eine Hose.
   Der Preis wird um 12 € reduziert.
c) Maria verdient pro Stunde 12 Euro.
   Am Samstag arbeitet Maria x Stunden.
d) x ist die Anzahl der Bonbons. 12 Kinder
   teilen sich die Bonbons gerecht.
e) 👥 Setzt jeweils eine Zahl für x ein.
   Wofür steht der Wert des Terms?

ANWENDEN

1 Schreibe einen Term für die Länge der Strecke auf. Fasse zusammen.

a)  b)  c) 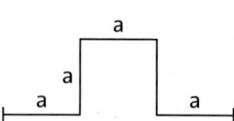 d)

2 Schreibe einen Term für den Umfang auf. Fasse dann zusammen.

Tipp Addiere für den Umfang alle Seiten.

Tipp u = a + a + a + a = 4a

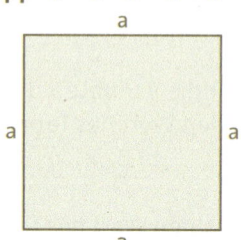

a) 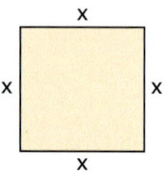 b)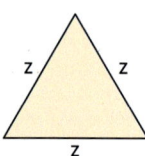

3 Fasse den Term zusammen.
a) a + a + a
b) d + d + d + d
c) f + f − f
d) b − b + b + b − b

Tipp zu a) 😉 + 😉 + 😉 = 3 · 😉
zu c) a + a − a = 2a − a = a
zuerst alle Variablen mit + zusammenfassen,
dann die Variablen mit − davon abziehen

4 Fasse den Term zusammen.
a) a + 4a   b) 9a + 7a
c) 8d + 12d   d) 6c − 4c
e) 10c − 7c   f) 12d − 6d

Tipp zu a) a + 2a = 3a
zu d) 5c − 3c = 2c

5 Drücke die Länge der Strecke durch einen Term aus. Vereinfache.
Tipp Ordne die Strecken und fasse zusammen.

a) 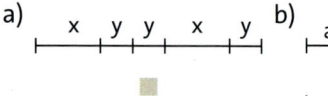 b) 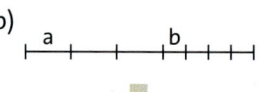 c) 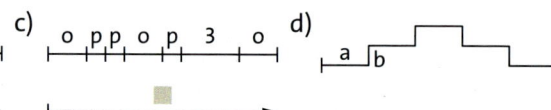 d)

6 Schreibe einen Term für den Umfang auf. Vereinfache den Term.

Tipp Addiere für den Umfang alle Seiten.

Tipp Addiere zuerst alle Variable.
Fasse dann alle gleichen Variable zusammen.

a) 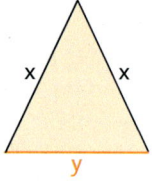 b)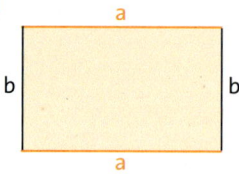

c)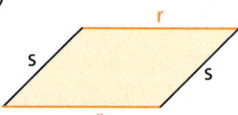

7 Vereinfache den Term.

Tipp ① markieren; ② ordnen;
③ zusammenfassen

a) $k + l + k + l$

b) $d + d + e + e + d + e + d + e$

c) $f + f + g + g - f + g$

d) $m + n - m + n + m - n + m$

Tipp

$x + x + y + x + y$

$= x + x + y + x + y$ ① gleiche Variable
markieren

$= x + x + x + y + y$ ② ordnen

$=\quad 3x \quad + 2y$ ③ zusammenfassen

8 Vereinfache den Term.

a) $7f + 4f$

b) $8b - 5b$

c) $4x - 2y + 2x$

d) $7g - 2g + 4h$

e) $8p + 6s + 4s$

f) $4d + 4e - 4d$

Tipp Fasse alle gleichen Variable zusammen.

$4d - 2d + 6f = 2d + 6f$

9 Erkläre die Fehler und berichtige sie.

a) $2a + 3a = 6a$

b) $7x - 7 = x$

c) $3a + 4b = 7ab$

d) $3y - y = 3$

e) $2z - 2 + 9 = z + 9$

Tipp

kann man nicht zusammenfassen (2x)

y = 1y nicht beachtet   Zahlen falsch addiert

falsch zusammengefasst

10 Vereinfache den Term.

a) $2c + 4 + 5c$

b) $8a - 6a - 9$

c) $5 + 17d + 8$

d) $3 + 9k + 4 - 5k$

Tipp Zahlen darf man nur mit Zahlen zusammenfassen.
Variable darf man nur mit gleichen Variablen zusammenfassen.

$a + 2a + 3 = 3a + 3$

Hinweis
Wenn man zwischen zwei Terme ein = setzen kann, dann heißen die Terme ***gleichwertig.***

11 Finde gleichwertige Terme.
Immer drei Kärtchen gehören zusammen.

$2x + 2y + y$ $x + x + y + y + y + 2$ $2x + 3y + 1$

$1 + 2x + 4y - y$ $2x + 3y$ $x + x + y + y + y + 1$

$x + x + y + y + y$ $3y + 3x - x + 2$ $2x + 3y + 2$

12 Wie viele Buchstaben gibt es von jeder Sorte? Schreibe einen Term auf. Vereinfache.

a)

x	x	z	x	y
x	y	z	y	x
x	y	y	z	z

b)

b	a	c	b	a
c	a	b	c	c
b	c	c	c	a
a	c	c	b	c

Tipp zu a) Zähle zuerst, wie oft der Buchstabe x vorkommt.
Zähle dann die y's und dann die z's.

ANWENDEN

1 Schreibe die passende Aufgabe ins Heft.

a) **Tipp** Rechne so:

$2x \cdot 2 = 2 \cdot 2 \cdot x = \ldots$

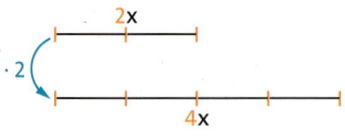

b) **Tipp** Rechne so:

$3x \cdot 2 = \ldots$

Tipp zu a) Starte mit den 2x, die oben stehen.
Multipliziere mit der 2 am Pfeil.
Unten steht das Ergebnis.

2 Berechne im Kopf.
Tipp Multipliziere die Zahlen.

a) $4 \cdot 2x$ b) $2 \cdot 3y$
c) $7 \cdot 4b$ d) $10 \cdot 8t$

Tipp $\underbrace{3 \cdot 2x}_{6} = 6x$

3 Berechne im Kopf.
Tipp Dividiere nur die Zahlen.

a) $9x : 3$ b) $4x : 2$
c) $10f : 5$ d) $3a : 3$

Tipp $\underbrace{6 : 2x}_{3} = 3x$

4 Schreibe als Potenz.

a) $x \cdot x$ b) $z \cdot z$
c) $k \cdot k \cdot k$ d) $m \cdot m \cdot m \cdot m$

Tipp $\underbrace{x \cdot x}_{\text{2-mal}} = \boxed{x^2}$ Potenz

5 Schreibe als Produkt.

a) k^2 b) g^2 c) n^3 d) o^4

Tipp $x^2 = x \cdot x$

6 Vereinfache.
Erkennst du den Unterschied?

a) $b + b$ und $b \cdot b$
b) $t + t$ und $t \cdot t$
c) $k + k + k$ und $k \cdot k \cdot k$

Tipp gleiche Variable multiplizieren = Potenz
gleiche Variable addieren = Produkt

7 Vereinfache den Term:
zuerst ordnen, dann zusammenfassen.

a) $5x \cdot 6x$ b) $7x \cdot 2x$
c) $4y \cdot 2y$ d) $3x \cdot 5y$
e) $2x \cdot 6y$ f) $5y \cdot 4x$

Tipp $3x \cdot 4x$
① ordnen $= 3 \cdot 4 \cdot x \cdot x$
② zusammenfassen $= 12x^2$

8 Übertrage die Tabelle. Multipliziere dann.

·	b	6c	7d
3			
4		24c	
5a			

Tipp

·	b	6c
3		
4		24c

$4 \cdot 6c = 24c$

9 Erkläre die Fehler und berichtige sie.

a) $3 \cdot 4a = 7a$

b) $2d \cdot 7 = 15d$

c) $5k \cdot 3m = 15k$

c) $2 \cdot 2p = 2p$

Tipp Diese Fehler haben sich versteckt:

Variable vergessen   falsch multipliziert

Zahlen nicht multipliziert   + statt · gerechnet

10 Immer zwei Karten gehören zusammen.

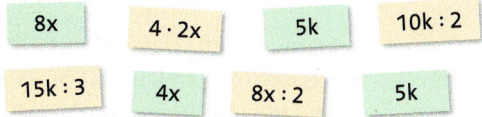

| 8x | 4 · 2x | 5k | 10k : 2 |

| 15k : 3 | 4x | 8x : 2 | 5k |

Tipp Berechne zuerst die Karte mit der Multiplikation oder Division.
Schaue dann, welche Karte mit deinem Ergebnis übereinstimmt.

11 Ergänze die fehlende Zahl im Heft.

a) ■ · 2x = 6x   b) ■ · 4x = 8x

c) ■ · 3y = 12y   d) ■ · 5b = 20b

e) 8y · ■ = 16y   f) 5p · ■ = 20p

Tipp ■ · 3x = 6x
Mit welcher Zahl musst du 3 multiplizieren, damit das Ergebnis 6 ist?
Mit 2, denn 2 · 3 = 6. Also: 2 · 3x = 6x

12 Ergänze die fehlende Variable im Heft.

a) 3■ · b = 3ab   b) 7■ · y = 7xy

c) 9x · ■ = 9xy   d) 5r · ■ = 5rs

Tipp 2■ · x = 2ax
Welche Variable fehlt?
a fehlt. Also 2a · x = 2ax

13 Gib eine mögliche Lösung an.

Tipp Es sind immer mehrere Lösungen möglich.

a) ■ · ■ = 10x

b) ■ · ■ = 15c

c) ■ · ■ = 3kl

d) ■ · ■ = 16fg

Tipp ■ · ■ = 6x
Welche Zahl enthält der Term?
Welche Variable enthält der Term?
Also: 6 · x = 6x

14 Bilde Aufgaben.
Nimm immer zwei orange und eine grüne Karte:

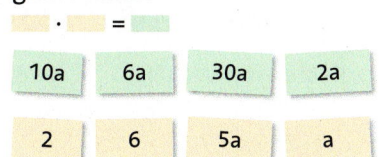

| 10a | 6a | 30a | 2a |

| 2 | 6 | 5a | a |

Tipp 5a · 6 = 30a

15 Berechne den Flächeninhalt.

a) Quadrat   b) Rechteck

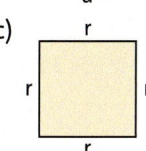

Tipp Flächeninhalt = Länge · Breite

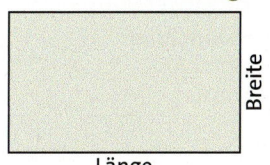

$A_{Quadrat}$ = ■ · ■ $A_{Rechteck}$ = ■ · ■

Strategie Terme aufstellen

den Text genau lesen	Was ist wichtig? Markiere Wichtiges oder notiere es in deinem Heft. Gib die Aufgabe in deinen Worten wieder.	Familie Kreuz besteht aus 4 Personen. Sie möchten in Düsseldorf Urlaub machen und in einer Jugendherberge übernachten. Aber sie wissen noch nicht, wie lange sie bleiben wollen. 1 Nacht kostet pro Person 25 €. Das WLAN kostet einmalig 7 €. Stelle einen Term für die Kosten auf.
sich einen Überblick verschaffen	Was ist gegeben? Was ist gesucht?	gegeben: 4 Personen pro Person 25 € einmalig 7 € für WLAN Anzahl der Nächte unbekannt gesucht: Term für die Kosten
die Variable festlegen	Die Kosten hängen von der Anzahl der Nächte ab. Lege deshalb fest: x steht für die Anzahl der Nächte.	Anzahl der Nächte: x
einen Term aufstellen		Kosten für 4 Personen für 1 Nacht: $4 \cdot 25 \cdot 1$ für 2 Nächte: $4 \cdot 25 \cdot 2$ für 3 Nächte: $4 \cdot 25 \cdot 3$ für x Nächte: $4 \cdot 25 \cdot x$ Kosten mit WLAN: $4 \cdot 25 \cdot x + 7$
den Term vereinfachen		$4 \cdot 25 \cdot x + 7$ $= 100x + 7$ Term für die Kosten
Werte einsetzen und berechnen		Wie viel zahlt Familie Kreuz für 3 Nächte? Dann ist x = 3. Setze x = 3 in den Term ein. $100x + 7$ $= 100 \cdot 3 + 7$ $= 300 + 7$ $= 307$
einen Antwortsatz schreiben	Passt deine Antwort zur Frage? Denke an die Einheit, wenn es eine gibt.	Familie Kreuz zahlt für 3 Nächte 307 €.

ANWENDEN

1 Welcher Term passt zu welcher Person?
Ordne zu und erkläre.
Lily ist x Jahre alt.
a) Ihre Mutter ist 4-mal so alt.
b) Ihr Bruder ist 2 Jahre jünger.
c) ihre Schwester ist 2 Jahre älter

Tipp ■-mal ·
jünger −
älter +

2 Jeder Term gibt den Umfang einer Figur an.
Ordne zu.

 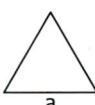

Tipp So berechnet man die Umfänge:
Dreieck: $a + a + a$
Quadrat: $x + x + x + x$
Rechteck: $x + y + x + y$

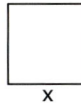

3 Helene hat x Bücher über Pferde.
In den Ferien kauft sie sich 2 neue Bücher über
Pferde. Wie viele hat Helene jetzt?
Stelle einen Term auf.

Tipp Die Variable x steht für die Anzahl der
Bücher, die Helene am Anfang hat.
Dann kommen 2 dazu.

4 Elias kauft für seinen Geburtstag ein.
Eine Flasche Limonade kostet 1,20 €.
Dazu kauft er eine Tüte Lutscher für 2,50 €.
Er stellt einen Term auf:
$1{,}20 \cdot x + 2{,}50$
a) Wofür steht
die Variable x?
b) Was wird mit dem
Term berechnet?

Tipp Was ändert sich?
Dafür steht die Variable.
Welche Anzahl bleibt gleich: die Anzahl der
Flaschen oder die Anzahl der Tüten?

5 Welcher Term passt zu welcher Aussage?
Tipp Überprüfe mit dem Lösungswort.

$x - 10$ (R) $x - 2$ (E) $x + 10$ (T) $x + 2$ (M)

a) Ella macht ein paar Minuten Pause. Luis
macht 10 Minuten länger Pause als Ella.
b) Josefine bekommt heute Taschengeld.
Ihr kleiner Bruder bekommt 2 € weniger.
c) Ein Zug fährt von Dortmund nach Frank-
furt. Ein neuer Tunnel wird eröffnet. Die
Fahrtzeit verringert sich um 10 Minuten.
d) Alex arbeitet in einer Eisdiele, Kathy gibt
Nachhilfe. Alex verdient 2 € mehr als Kathy.

Tipp länger; mehr: +
verringern; weniger: −

6 Erfinde zu jedem Term eine Sachsituation.
a) $x + 3$ b) $x - 2$ c) $5 \cdot x$

Tipp Überlege zuerst, wofür x stehen soll.

🖱 Methode **Terme mit dem Computer berechnen**

Mit einer Tabellenkalkulation kann man die Werte von Termen berechnen.

Spalte

Die Seite einer Tabellenkalkulation ist eingeteilt in Spalten (A, B, C, ...) und in Zeilen (1, 2, 3, ...).
Die Zelle B2 steht in Spalte B und in Zeile 2.

Zeile

	A	B	C
1			
2		Zelle B2	
3			
4			

① Variable und Term eintragen
Die Variable ist x, der Term lautet 2 · x + 14.
Nacheinander sollen für die Variable x folgende Werte eingesetzt werden:
x = 1
x = 3
x = 27
x = 199

	A	B	C
1	Variable	Term	
2	x	2*x+14	
3	1		
4	3		
5	27		
6	199		

② Formel eintragen

Schreibweise im Heft:	am Computer:
Für x = 1 gilt:	Mit einer Formel kann man etwas berechnen.
2 · 1 +14	Formeln beginnen immer mit =.
= 2 + 14	Das Zeichen * steht für ·.
= 16	= 2 · A3 + 14

	Ⓐ	B	C
1	Variable	Term	
2	x	2*x+14	
③	1	=2*A3+14	
4			
5			
6			

* steht für ·

③ Formel „nach unten ziehen"
Klicke in die Zelle B3. Setze den Mauszeiger auf die rechte untere Ecke, halte die linke Maustaste gedrückt und ziehe bis zur Zelle B6 (Bild 1).
Das Programm kopiert die Formel und berechnet die Werte.

	A	B
1	Variable	Term
2	x	2*x+14
3	1	16
4	3	
5	27	
6	199	

	A	B
1	Variable	Term
2	x	2*x+14
3	1	16
4	3	20
5	27	68
6	199	412

ANWENDEN

1 Ordne jedem Term eine Formel zu.

x + 2   2 · x   x − 2

= A1 · 2   = B8 + 2   = Z6 − 2

Tipp Achte auf die Rechenzeichen in den Termen.

2 Lege ein Tabellenblatt an und berechne den Wert des Terms 4 · x für:
x = 1; x = 13; x = 20; x = 0

Tipp Gehe so vor wie oben im Beispiel. Beachte die Schritte ① bis ③.

ANWENDEN

1 Ist das die Lösung der Gleichung?
Rechne die Probe.
Notiere (w) für wahr oder (f) für falsch.

a) $x - 3 = 2$ $x = 5$
b) $2 + x = 9$ $x = 8$
c) $2x = 10$ $x = 4$
d) $3x + 1 = 10$ $x = 3$
e) $x + 5 = 14$ $x = 7$

Tipp $x - 2 = 10$
                $x = 12$
Probe: Setze $x = 12$ ein.
          $12 - 2 = 10$
            $10 = 10$ (w)
$x = 12$ ist Lösung der Gleichung.

2 Löse die Gleichung durch Probieren.

a) $x + 3 = 5$

x	x + 3	Ergebnis
0	0 + 3	3 (f, zu klein)
1		
2		
3		

Tipp zu a) Setze für $x = 0$ ein: $0 + 3 = 5$ (f)
Setze für $x = 1$ ein: $1 + 3 = 5$ (f)
Setze für $x = 2$ ein: $2 + 3 = ...$

b) $18 - x = 17$

x	18 − x	Ergebnis
0	18 − 0	18 (f, zu groß)
1		
2		
3		

c) $4x = 12$

x	4x	Ergebnis
0	4 · 0	0 (f, zu klein)
1		
2		
3		

3 Löse die Gleichung durch Probieren.
Setze für x Zahlen zwischen 3 und 6 ein.

a) $2x = 12$ b) $3x + 4 = 19$
c) $5x + 3 = 28$ d) $40 - 5x = 25$
e) $2x + 22 = 30$ f) $4x - 2 = 18$

Tipp $3x + 4 = 16$
Setze für $x = 5$ ein: $3 \cdot 5 + 4 = 16$ (f, zu groß)
Setze für $x = 3$ ein: $3 \cdot 3 + 4 = 16$ (f, zu klein)
Setze für $x = 4$ ein: $3 \cdot 4 + 4 = 16$ (w)
$x = 2$ ist die Lösung der Gleichung.

4 Löse die Gleichung mit der Umkehraufgabe.
Tipp Aus − wird + und umgekehrt.

a) $x - 4 = 2$
b) $x + 2 = 7$
c) $x - 9 = 1$
d) $x + 3 = 6$

Tipp

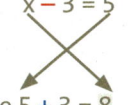 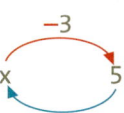

Umkehraufgabe $5 + 3 = 8$
Lösung $x = 8$

5 Löse die Gleichung mit der Umkehraufgabe.
Tipp Aus · wird : und umgekehrt.

a) $x \cdot 2 = 6$
b) $3 \cdot x = 21$
c) $x : 7 = 5$

Tipp
Aus ·
wird :

Umkehraufgabe $35 : 5 = 7$
Lösung $x = 7$

6 Wie viele Kugeln wurden auf beiden Seiten weggenommen? Gib die Lösung für x an.
a) Die Gleichung lautet x + 2 = 7.   b) Die Gleichung lautet x + 3 = 6.

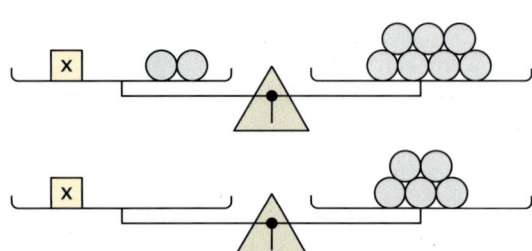
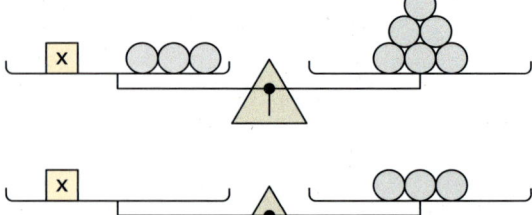

7 Wie lautet die Gleichung?
Skizziere die zweite Waage. Dort soll das x alleine auf der linken Seite stehen.
Gib die Lösung für x an.
a) Die Gleichung lautet: x + 2 = 5.

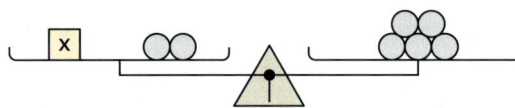

b) Die Gleichung lautet: x + 3 = 4.

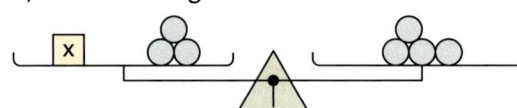

Tipp Die Gleichung lautet x + 2 = 3.

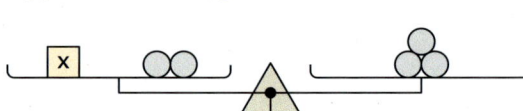

Nimm auf beiden Seiten 2 Kugeln weg.

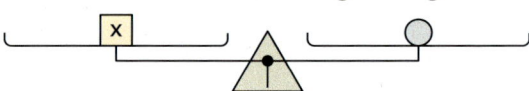

Die Lösung ist x = 1.

8 Welche Waage passt zur Gleichung x + 8 = 10? Übertrage sie und bestimme x. Nimm dazu auf beiden Seiten gleich viele Kugeln weg.

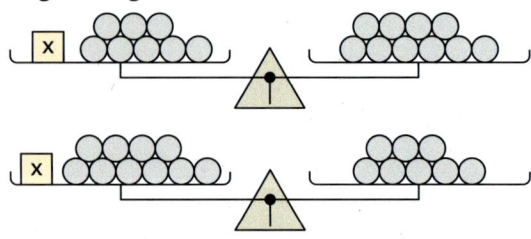

Tipp Wie viele Kugeln musst du auf der linken Seite wegnehmen, damit das x alleine steht?
Genauso viele Kugeln nimmst du auch auf der rechten Seite weg.

9 Skizziere zuerst eine passende Waage. Nimm dann auf beiden Seiten gleich viele Kugeln weg, sodass x alleine steht.
a) x + 3 = 6   b) x + 1 = 4

Tipp Schreibe ▨ für x und ⬤ für die Zahlen
x + 2 = 3   ▨ ⬤⬤ = ⬤⬤⬤
Nimm auf beiden Seiten ⬤⬤ weg.

10 Löse die Gleichung mit einem Verfahren deiner Wahl.
a) 2x = 10   b) x − 3 = 12   c) 3 · x = 27   d) x : 10 = 8
e) x + 6 = 11   f) x + 4 = 7   g) 9 = 8 + x   h) x − 29 = 5

Strategie Sachaufgaben mithilfe von Gleichungen lösen

Beim Basketball:
Ben hat 3-mal so viele Körbe wie Sven geworfen.
Lea hat 2-mal so viele Körbe wie Sven geworfen.
Insgesamt haben die drei 54 Körbe geworfen.
Wie viele Körbe warf Sven, wie viele warf Ben
und wie viele Lea?

Lies wie immer den Text genau.	Markiere Wichtiges oder notiere es in deinem Heft.	gegeben: Ben: 3-mal so viele Körbe wie Sven; Lea: 2-mal so viele Körbe wie Sven; insgesamt 54 Körbe
Verschaffe dir einen Überblick.	Was ist gegeben? Was ist gesucht?	gesucht: Körbe von Sven, Ben, Lea
① **die Variable festlegen**	Es geht um die Anzahl der Körbe. Die Körbe von Ben und Lea werden mit denen von Sven verglichen. Lege deshalb fest: x steht für die Anzahl der Körbe von Sven.	Anzahl der Körbe von Sven: x
② **die Terme bilden**	Sven hat x Körbe geworfen. Ben hat 3-mal so viele Körbe wie Sven. Lea hat doppelt so viele Körbe wie Sven. Insgesamt sind es 54 Körbe.	Sven: x Ben: 3x Lea: 2x insgesamt: 54
③ **die Gleichung aufstellen**	Sven, Ben und Lea haben zusammen 54 Körbe geworfen.	Sven Ben Lea $x + 3x + 2x = 54$
④ **die Gleichung lösen**	Vereinfache den linken Term. Löse die Gleichung.	$x + 3x + 2x = 54$ $6x = 54$ Umkehraufgabe: $54 : 6 = 9$ $x = 9$
⑤ **die Lösung prüfen**	Prüfe die Lösung an der Sachaufgabe. Setze die Lösung für x in die Terme ein. Prüfe, ob die Aussage stimmt.	Sven: $x = 9$ Körbe Ben: $3x = 3 \cdot 9 = 27$ Körbe Lea: $2x = 2 \cdot 9 = 18$ Körbe Sven Ben Lea $9 + 27 + 18 = 54$ Körbe $54 = 54$ (w)
⑥ **eine Antwort schreiben**	Sven warf 9 Körbe, Ben 27 und Lea 18.	

ANWENDEN

1 Susanne ist doppelt so alt wie Karl.
Zusammen sind sie 57 Jahre alt.
Wie alt ist Susanne?
Wie alt ist Karl?
Die Variable k steht für das Alter von Karl.
a) Wie lautet der Term für das Alter von
   Susanne: $\frac{1}{2}$ k oder 2k?
b) Stelle eine Gleichung auf.
c) Löse die Gleichung mit der Umkehraufgabe.
d) Beantworte die Fragen.
   Prüfe deine Lösung.

Tipp
① Alter von Karl   k
② Alter von Susanne   ■
③ Gleichung   k + ■ = ■
④ zusammenfassen   …
   Umkehraufgabe: …
   Alter von Karl   k = …
   Alter von Susanne
⑤ Lösung prüfen

2 Ben ist zusammen mit seinem neuen E-Bike
(25 kg) genauso schwer wie Lea (39 kg) und
Georg (46 kg) zusammen.
Finde heraus, wie viel Ben wiegt.
x steht für Bens Gewicht.
a) Bilde einen Term für Ben und sein E-Bike und
   einen Term für Lea und Georg.
b) Stelle eine Gleichung auf und löse sie.
c) Wie schwer müsste das E-Bike sein, wenn du
   an Bens Stelle wärst?

3 Eine rechteckige Wiese hat einen
Flächeninhalt von 220 m². Eine Seite ist 10 m
lang. Wie lang ist die andere Seite?
Löse mit einer Gleichung.
Tipp Flächeninhalt eines Rechtecks: A = a · b

Tipp Wofür steht x?
Was ist gegeben?
Bilde aus den Angaben Terme und stelle
dann eine Gleichung auf.

4 Ordne jeder Situation eine Gleichung zu.
Löse dann die Gleichung.
a) Die halbe Strecke ist 82 m lang.
b) Herr Mert nimmt in einer Woche 2 kg ab
   und wiegt jetzt noch 82 kg.
c) Die Zwillinge Mia und Lene sind zusammen
   82 Jahre alt.

Tipp Überlege zuerst: Wofür steht x?
Bilde Terme und stelle dann die Gleichung
auf.

x : 2 = 82	x − 2 = 82	x + 2 = 82	2x = 82

5 Schreibe zu dem Einkauf eine Textaufgabe. Stelle eine Gleichung auf und löse sie.

Insgesamt
habe ich 45 €
ausgegeben.

6 Schreibe zu der Gleichung 8x = 24
eine passende Rechengeschichte.

Tipp Aufteilung von Bonbons, Fahrten auf
dem Karussell, …

Prozentrechnung

In diesem Kapitel lernst du, ...

→ Anteile in Prozent anzugeben.
→ Prozentwert, Prozentsatz und Grundwert zu unterscheiden.
→ den Prozentwert zu berechnen.
→ den Prozentsatz zu berechnen.
→ den Grundwert zu berechnen.

Mit der BahnCard 50 zahlt man für ein Ticket nur 50 % vom normalen Preis.
Der normale Preis für ein Ticket ist 80 €.
Wie viel zahlt man mit der BahnCard 50?
Wie viel zahlt man mit der BahnCard 25?
Was bedeutet es, wenn man die BahnCard 100 hat?

ANWENDEN

1 Das Rechteck ist in 100 Felder eingeteilt.
Welchen Anteil haben die einzelnen Farben?
Schreibe in Prozent.
Tipp 25 von 100 Feldern sind orange.
Das sind $\frac{25}{100}$ = 25 %.

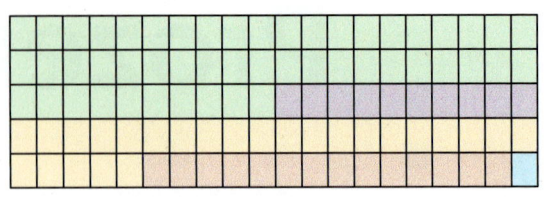

2 Erweitere zuerst auf den Nenner 100.
Schreibe dann in Prozent.

a) $\frac{1}{5}$ 　　　 b) $\frac{1}{10}$ 　　　 c) $\frac{1}{50}$

d) $\frac{1}{20}$ 　　　 e) $\frac{1}{4}$ 　　　 f) $\frac{3}{4}$

Tipp $\frac{2}{5} = \frac{40}{100}$ (erweitert mit 20)

$\frac{40}{100}$ = 40 %

3 Wie viel Prozent sind orange?

a) 　　　　　　　 b)

c) 　　　　　　　 d)

Tipp Schreibe
zuerst als Bruch:

$\frac{\text{braune Teile}}{\text{Teile insgesamt}}$

also $\frac{2}{5}$.
Schreibe dann in Prozent.
$\frac{2}{5} = \frac{40}{100}$ = 40 %

4 Zeichne ein Quadrat mit 5 cm Kantenlänge.
Färbe 75 % rot und 25 % blau.

Tipp Das Quadrat besteht aus 100 Kästchen.
Ein Kästchen ist also 1 %.

Methode Mehr als 100 %
Ein Bruch kann auch größer als 1 sein.
Das sind dann mehr als 100 %.
$\frac{3}{2} = \frac{150}{100}$ = 150 %

5 Erweitere zuerst auf den Nenner 100.
Schreibe dann in Prozent.

a) $\frac{25}{10}$ 　　　 b) $\frac{55}{50}$ 　　　 c) $\frac{30}{20}$

d) $\frac{6}{5}$ 　　　 e) $\frac{5}{4}$ 　　　 f) $\frac{3}{1}$

Tipp Erweitere die Brüche auf den Nenner 100.
Wandle dann in Prozent um.

6 Was gehört zusammen?

$\frac{1}{2}$ 　 10 % 　 $\frac{1}{10}$ 　 50 % 　 $\frac{1}{5}$

75 % 　 $\frac{3}{4}$ 　 20 % 　 $\frac{150}{100}$ 　 150 %

7 Ergänze im Heft.

a) $\frac{1}{4}$ = ■ %　　　　　 b) $\frac{■}{2}$ = 50 %

c) $\frac{1}{■}$ = 20 %　　　　　 d) $\frac{7}{■}$ = 70 %

Tipp $\frac{1}{2} = \frac{50}{100}$

8 Vergleiche die Anteile.
Schreibe < oder >.

a) 25 % ■ 50 %　　　　 b) 14 % ■ $\frac{14}{100}$

c) 12 % ■ $\frac{1}{10}$　　　　　 d) $\frac{1}{5}$ ■ 25 %

e) 100 % ■ $\frac{99}{100}$　　　　 f) $\frac{3}{5}$ ■ 50 %

Tipp Schreibe die Brüche in Prozent.

9 Schreibe als Dezimalzahl und in Prozent.

Tipp $1\% = 0{,}01 = \frac{1}{100}$

a) $\frac{1}{100}$ b) $\frac{1}{10}$ c) $\frac{1}{5}$

d) $\frac{2}{5}$ e) $\frac{4}{10}$ f) $\frac{3}{20}$

Tipp Erweitere zuerst auf den Nenner 100. Dazu musst du Zähler und Nenner mit der gleichen Zahl multiplizieren.

10 Ergänze die Tabelle im Heft.

	Bruch	Dezimalzahl	Prozent
a)	$\frac{45}{200}$		45 %
b)	$\frac{1}{2}$	0,5	
c)		0,35	

Tipp Erweitere Brüche auf den Nenner 100. So kannst du sie leicht in Dezimalbrüche und Prozente umschreiben.

11 Zeichne ein Rechteck mit 50 Kästchen.

Tipp 5 Kästchen mal 10 Kästchen sind 50 Kästchen.

Male 25 Kästchen rot aus, 15 gelb und 10 schwarz. Gib die Anteile für rot, gelb und schwarz als Bruch und in Prozent an.

Tipp Der Nenner des Bruches ist die Gesamtzahl der Kästchen.
Der Zähler ist die Anzahl der jeweiligen Farbe.

Methode **Absoluter und relativer Vergleich**
Man kann Zahlen oder Größen direkt vergleichen.
Man nennt das **absoluter Vergleich**.
Man kann auch ihre Anteile vergleichen.
Das nennt man **relativer Vergleich**.
10 von 100 sind 10 %, 2 von 10 sind 20 %.
10 sind absolut mehr als 2, aber
10 % sind relativ weniger als 20 %.

12 Begründe deine Antwort.
Karlo hat bei 25 Schüssen 5-mal getroffen.
Sven hat bei 10 Schüssen 4-mal getroffen.
a) Wer hat mehr getroffen?
b) Wer hat besser getroffen?
c) Welcher Vergleich ist ein absoluter Vergleich?
   Welcher ist ein relativer Vergleich?

13 Ergebnisse der Klassensprecherwahl

7a (25 Schüler)	7b (20 Schüler)
Melina 15	Julius 14
Marvin 7	Elea 3
Lena 3	Josua 3

a) Wer hat absolut die meisten Stimmen bekommen?
   Tipp Vergleiche die Zahlen direkt.
b) Wer hat relativ die meisten Stimmen bekommen? Begründe deine Antwort.

Tipp zu b) relativ: Bestimme zuerst die Anteile in Prozent. Vergleiche dann.
Beachte, dass in jeder Klasse verschieden viele Schüler sind.

14 Samira vergleicht ihre beiden Mathe-Arbeiten.
„In der letzten Arbeit hatte ich 60 von 75 Punkten und bekam eine 2.
Dieses Mal hatte ich 64 von 100 Punkten und bekam nur eine 4.
Das ist nicht fair. Ich habe doch mehr Punkte bekommen."
Was sagst du dazu? Begründe mit einer Rechnung.

ANWENDEN

1 Von **30 Schülern** sind **18 Schüler** im Sommerlager. Das sind **60 %.**

30 Schüler sind 100 %.	
18 Schüler sind 60 %.	

Ordne zu:
Was ist der Grundwert G, was der Prozentwert W und was der Prozentsatz p %?

Tipp Der Grundwert ist immer 100 %.
Schreibe es so auf:
G = ■ Schüler
W = ■
p % = ■

2 Was ist markiert?
Ordne zu: Grundwert G, Prozentwert W und Prozentsatz p %.
a) 50 % von 250 € sind 125 €.
b) Ein Kuchen wiegt 500 g.
    Davon sind 300 g Mehl. Das sind 60 %.
c) In einem Kino mit **160 Plätzen** sind **75 %** belegt. Das sind **120 Plätze.**
d) Janine hat **50 %** von ihren **10 €** Taschengeld ausgegeben. Das sind **5 €.**

Tipp Der Grundwert ist das Ganze.
Der Prozentwert ist ein Teil vom Ganzen.
Der Prozentsatz ist der Anteil in Prozent.

3 Was ist gegeben: G, W oder p %?
a) 10 m von 100 m
b) 8 € sind 80 %
c) 10 % von 400 €
d) 15 Schüler von 30 Schülern

Tipp Im Prozentsatz p % steht das Prozentzeichen %.

4 Was ist gegeben? Was ist gesucht?
Tipp zu a) gegeben: G =..., p % = ...
                        gesucht: W
Formuliere außerdem eine Frage.
a) An 20 % der 15 Urlaubstage regnete es.
b) Von 100 Läufern kommen nur 75 % ins Ziel.
c) Nur eine von 50 Kirschen ist faul.
d) Der FC Neuberg hat 50 % der Spiele gewonnen. Das waren 15 Siege.

Tipp Von 10 Katzen sind 5 gestreift.
gegeben: G = 10 Katzen, W = 5 Katzen
gesucht: p %
mögliche Frage: Wie viel Prozent der Katzen sind gestreift?

Strategie Schlüsselwörter
An Schlüsselwörtern kannst du erkennen, welche Begriffe gemeint sind.
① Lies die Aufgabe genau.
② Suche nach Schlüsselwörtern für Grundwert, Prozentwert oder Prozentsatz.
③ Gib die Aufgaben mit eigenen Worten wieder.

5 Was ist gesucht: Grundwert, Prozentwert, Prozentsatz? Begründet eure Antwort.
a) Wie viel Prozent sind 25 Cent von 5 €?
b) Wie viele cm sind 15 % von 3 m?
c) 1200 g sind 15 %.
    Wie viel ist es insgesamt?
d) Welcher Anteil sind 15 Schüler in einer Gruppe von 30 Schülern?
e) 21 Schüler sind 70 % der Klasse.
    Wie viele Schüler sind in der ganzen Klasse?

ANWENDEN

1 Ergänze die Tabelle im Heft.

Tipp Teile auf beiden Seiten durch 100. Multipliziere dann auf beiden Seiten mit p.

a)

Anteil	Menge
100 %	200
1 %	2
10 %	■

:100 ⟶ ·10   ):100)·10

b)

Anteil	Menge
100 %	500
1 %	▨
50 %	■

:100 ⟶ ·50   ):100)·50

c)

Anteil	Menge
100 %	150
1 %	▨
20 %	■

:100 ⟶ ·20   ):100)·20

2 Übertrage die Tabelle in dein Heft. Ergänze die Pfeile und berechne den Prozentwert.

Tipp Zuerst: :100 ⟶   ):100

Dann: ·p ⟶   )·p

zu c) 40 : 100 = 4 : 10 = 0,4

a)

Anteil	Menge
100 %	300
1 %	3
6 %	■

b)

Anteil	Menge
100 %	250
1 %	▨
10 %	▨

c)

Anteil	Länge in m
100 %	40
1 %	▨
25 %	▨

d)

Anteil	Preis in €
100 %	60
1 %	▨
5 %	▨

3 Berechne den Prozentwert W.

Tipp Teile zuerst auf beiden Seiten durch 100.

a) G = 200; p % = 10 %

Tipp

Anteil	Menge
100 %	200
1 %	▨
10 %	■

:100 ⟶ ·10   ):100)·10

b) G = 300; p % = 20 %

c) G = 2000; p % = 50 %

4 Finde und beschreibe die Fehler. Berichtige die Fehler im Heft.

a) G = 400; p % = 20 %

Anteil	Menge
100 %	400
1 %	40000
10 %	2000

:100 ⟶ ·20   ):100)·20

b) G = 10; p % = 15 %

Anteil	Menge
100 %	10
1 %	1
15 %	15

:100 ⟶ ·15   ):100)·15

5 Berechne den Prozentwert W.

a) 20 % von 180 €

b) 25 % von 500 €

c) 30 % von 60 €

d) 40 % von 160 €

e) 60 % von 200 €

Tipp Beginne die Tabelle so:

Anteil	Preis in €
100 %	

Grundwert G

6 Berechne. Nutze den Zweisatz.

a) 50 % von 200

b) 20 % von 1200 m

c) 10 % von 450 kg

d) 10 % von 1000 mm

Tipp 50 % von 400:

	Anteil	Gewicht in g
:2	100 %	400
	50 %	200

:2

7 Welche Kärtchen gehören zusammen? Rechne mit dem Überschlag.

| 50 % von 178 € | 26 % von 400 € | 99 % von 1000 € | 51 % von 800 € | 990 € | 89 € | 408 € | 104 € |

8 Bei den Bundesjugendspielen haben
600 Schüler teilgenommen.
Wie viele Urkunden gab es von jeder Sorte?

a) Teilnehmerurkunde: 20 %

b) Siegerurkunde: 50 %

c) Ehrenurkunde: 30 %

Tipp Der Grundwert ist immer 600.

9 Wie viel Euro kannst du sparen?

Tipp Der Prozentsatz ist immer gleich.
Du kannst den Zweisatz anwenden.

Methode Prozentwert als Anteil berechnen
Den Prozentwert W kann man
auch kürzer berechnen:
Schreibe den Prozentsatz p % als Bruch.
Multipliziere dann mit dem Grundwert G.
gegeben: p % = 10 %; G = 30
gesucht: W
Rechnung: p % = 10 % = $\frac{10}{100}$ = $\frac{1}{10}$
W = p % · G = $\frac{1}{10}$ · 30 = 3

10 Berechne den Prozentwert W.
Schreibe dazu den Prozentsatz als Bruch
und multipliziere mit dem Grundwert.

a) p % = 40 %; G = 50

b) p % = 20 %; G = 65

c) p % = 30 %; G = 70

d) 15 % von 200 kg

e) 45 % von 500 m

f) 25 % von 700 €

11 Berechne den Prozentwert.

a) p % = 20 %; G = 10 m

b) p % = 10 %; G = 100 €

c) 20 % von 500 g

d) 50 % von 60 Bonbons

Tipp So wandelst du einen Prozentsatz in
einen Bruch um:
20 % = $\frac{20}{100}$ = $\frac{1}{5}$

ANWENDEN

1 Ergänze die Tabelle im Heft.

a)

Menge	Anteil
50	100 %
1	2 %
10	■

:50   ·10   :50   ·10

b)

Menge	Anteil
10	100 %
1	10 %
8	■

:10   ·8   :10   ·8

c)

Menge	Anteil
25	100 %
■	4 %
12	■

:25   ·12   :25   ·■

Tipp Teile auf beiden Seiten durch den Grundwert G.
Multipliziere auf beiden Seiten mit dem Prozentwert W.

2 Übertrage die Tabelle in dein Heft. Ergänze die Pfeile und berechne den Prozentsatz p %.

a)

Menge	Anteil
50	100 %
1	2 %
6	■

b)

Menge	Anteil
20	100 %
1	■
16	■

c)

Menge	Anteil
25	100 %
1	■
23	■

d)

Menge	Anteil
40	100 %
■	■
8	■

Tipp Zuerst:

:G   :G

Dann:

·W   ·W

3 Berechne den Prozentsatz p %.

a) G = 20; W = 2

Tipp

Menge	Anteil
20	100 %
1	■
2	■

:20   ·2   :20   ·2

b) G = 5; W = 2
c) G = 200; W = 150
d) G = 10; W = 7

Tipp Teile zuerst auf beiden Seiten durch G.

4 Finde und beschreibe die Fehler. Berichtige die Fehler im Heft.

a) G = 125; W = 20

Menge	Anteil
125	100 %
1	12500 %
20	625 %

:125   ·20   :125   ·20

b) G = 200; W = 30

Menge	Anteil
200	100 %
2	1 %
60	30 %

:200   ·30   :200   ·30

5 Berechne den Prozentsatz p %.
a) 1 m von 10 m
b) 20 m von 100 m
c) 5 m von 25 m
d) 20 m von 200 m

Tipp Beginne die Tabelle so:

Länge in m	Anteil
	100 %

↑ Grundwert G

6 Berechne den Prozentsatz p %.
Nutze den Zweisatz.
a) 30 g von 150 g
b) 40 m von 120 m
c) 6 min von 60 min

Tipp 15 g von 75 g

Gewicht in g	Anteil
75	100 %
15	20 %

: 5 ⟲   ⟳ : 5

Methode **Prozentsatz als Bruch berechnen**
Teile den Prozentwert W durch den
Grundwert G.
Schreibe dann den Bruch in Prozent um.
gegeben: W = 5; G = 20
gesucht: p %
Rechnung: $\frac{W}{G} = \frac{5}{20} = \frac{25}{100} = 25\,\%$
Der gesuchte Prozentsatz ist p % = 25 %.

7 Berechne den Prozentsatz p %, indem du
den Prozentwert durch den Grundwert teilst.
Schreibe das Ergebnis in Prozent.
a) W = 30; G = 50
b) W = 15; G = 25
c) G = 80; W = 44
d) 90 m von 125 m
e) 720 kg von 800 kg

Tipp Prozentsatz p % = $\frac{\text{Prozentwert W}}{\text{Grundwert G}}$

8 Berechne den Prozentsatz.
a) W = 1 m; G = 10 m
b) W = 20 €; G = 100 €
c) 20 g von 200 g
d) 10 Autos von 40 Autos

9 **Aus dem Berufsleben**
In einem Geschäft stehen 200 Fahrräder.
Berechne den Prozentsatz für jede Farbe.
Rot: 80 Fahrräder   Grün: 40 Fahrräder
Blau: 60 Fahrräder   Schwarz: 20 Fahrräder

Tipp Der Grundwert ist G = 200.
Der Grundwert bleibt immer gleich.

10 Auf einer Wiese stehen
mehrere Bäume.
10 davon sind Apfelbäume.
Berechne den Prozentsatz.
a) Insgesamt gibt es 20 Bäume.
Tipp Der Grundwert ist G = 20.
b) Insgesamt gibt es 60 Bäume.

Tipp Der Prozentwert ist W = 10.
Der Prozentwert bleibt immer gleich.

11 Es ist Winterschlussverkauf.
Wie viel Prozent spart man?

Tipp Die größere Zahl ist der Grundwert.

Methode **Prozentsätze mit dem Computer berechnen**

Die Klasse 7b hat eine Umfrage zu Haustieren gemacht.
Die Anzahlen der Haustiere sind die Prozentwerte.
Die Prozentsätze kann man leicht mit dem Computer berechnen:

① Übertrage die Daten zuerst in ein
Tabellenkalkulationsprogramm und erstelle eine
Spalte für den Prozentsatz.

Zelle B2

C2 ▼			× ✓	fx	=B2/B7
	A		B		C
1	**Haustier**		**Anzahl**		**Prozentsatz**
2	Hund		8		=B2/B7
3	Katze		5		
4	Kaninchen		2		
5	Wellensittich		1		
6	kein Haustier		9		
7	Gesamtzahl		25		
8					

② Der Grundwert ist die Gesamtzahl.
Du kannst ihn mit der Summenformel
berechnen.
In diesem Beispiel lautet sie:
„=SUMME(B2:B6)"

③ Gib in der obersten Zeile die Formel „=B2/B7" ein.
Hier ist B2 die Anzahl, also der Prozentwert.
B7 ist die Gesamtzahl, also der Grundwert.

④ Wiederhole das auch mit den folgenden Zeilen.
Verwende dabei nicht B2, sondern B3, B4, …

C
Prozentsatz
0,32
0,2
0,08
0,04
0,36

- Inhalte einfügen…
- 🔍 Intelligente Suche
- Zellen einfügen…
- Zellen löschen…
- Daten aus Tabelle/Bereich abrufen…
- Neuer Kommentar
- Neue Notiz
- Zellen formatieren…

⑤ Markiere alle Einträge in der Spalte
„Prozentsatz". Klicke rechts mit der Maus und
wähle „Zellen formatieren" aus.

⑥ Es öffnet sich ein Menü.
Wähle „Prozent" aus und stelle
die Dezimalstellen auf 0.
Dann bestätige mit „OK".
Der Prozentsatz wird nun in Prozent angegeben.

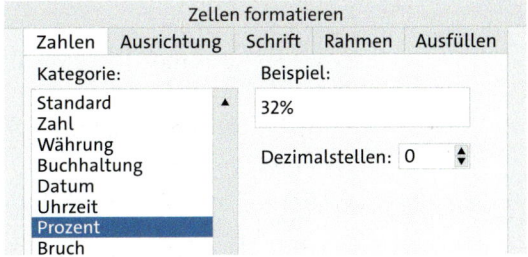

Zellen formatieren
| Zahlen | Ausrichtung | Schrift | Rahmen | Ausfüllen |

Kategorie:
Standard
Zahl
Währung
Buchhaltung
Datum
Uhrzeit
Prozent
Bruch

Beispiel:
32%

Dezimalstellen: 0

ANWENDEN

1 25 Kinder einer Klasse erzählen von ihren
Sommerferien.
8 Kinder waren im Ausland, 12 in Deutschland
und 5 sind nicht verreist.
Berechne die Prozentsätze mit dem Computer.

Tipp ① Übertrage die Daten in die erste
Spalte.
② Erstelle eine Spalte für den Prozentsatz.

2 👥 Führt selbst eine Umfrage durch und bestimmt die Prozentsätze mit dem Computer.
Tipp Mögliche Themen für Umfragen wären:
Lieblingsessen, Lieblingsfach, Anzahl der Geschwister, …

ANWENDEN

1 Ergänze die Tabelle im Heft.

Tipp Teile auf beiden Seiten durch p. Multipliziere auf beiden Seiten mit 100.

a)

	Anteil	Menge
:50 ↓	50 %	500	):50
	1 %	10	
·100 ↓	100 %	■	)·100

b)

	Anteil	Menge
:20 ↓	20 %	60	):20
	1 %	3	
·100 ↓	100 %	■	)·100

c)

	Anteil	Menge
:70 ↓	70 %	210	):70
	1 %	■	
·100 ↓	100 %	■	)·■

2 Übertrage die Tabelle in dein Heft. Ergänze die Pfeile und berechne den Grundwert G.

Tipp Zuerst: :p ⟍   ):p

Dann: ·100 ⟍   )·100

a)

Anteil	Menge
20 %	80
1 %	4
100 %	■

b)

Anteil	Menge
10 %	250
■	25
100 %	■

c)

Anteil	Preis in €
15 %	60
1 %	■
100 %	■

d)

Anteil	Länge in m
60 %	240
■	■
100 %	■

3 Berechne den Grundwert G.

Tipp Teile auf beiden Seiten durch p.

a) W = 800; p % = 80 %

Tipp

	Anteil	Menge
:80 ↓	80 %	800	):80
	1 %	■	
·100 ↓	100 %	■	)·100

b) W = 30; p % = 15 %
c) W = 400; p % = 5 %

4 Finde und beschreibe die Fehler. Berichtige die Fehler im Heft.

a) W = 120 g; p % = 6 %

	Anteil	Gewicht in g
:6 ↓	6 %	120	):120
	1 %	1	
·100 ↓	100 %	100	)·100

b) W = 200 €; p % = 20 %

	Anteil	Preis in €
:200 ↓	20 %	200	):200
	1 %	1	
·20 ↓	200 %	20	)·20

5 Berechne den Grundwert G.

a) 10 % sind 180 cm

b) 25 % sind 50 dm

c) 5 % sind 20 m

d) 40 % sind 160 km

e) 30 % sind 90 €

Tipp Beginne die Tabelle so:

Anteil	■ in ■

Prozentsatz p %   Prozentwert W

6 Berechne den Grundwert mit dem Zweisatz.

a) 50 % sind 7 Minuten

b) 25 % sind 120 m

c) 10 % sind 50 kg

Tipp 50 % sind 200 g:

Anteil	Gewicht in g
50 %	200
100 %	400

· 2 ⤺   ⤻ · 2

7 Henry, Sara und Yves laufen von der Schule nach Hause.
Sie sind schon 200 m zusammen gelaufen.
Für Henry sind das 20 % seines gesamten Wegs, für Sara 25 % und für Yves 50 %.
Berechne für jeden der drei, wie lang der gesamte Weg ist.

Tipp Der Prozentwert ist immer 200 m.
Der Gesamtweg ist 100 %, also der Grundwert.

8 Jakob, Natascha und Rodrigo vergleichen ihre Handys.
Sie sind alle zu 20 % geladen.
Jakobs Handy hält damit noch 60 min durch, Nataschas noch 80 min und Rodrigos noch 100 min.
Wie lange halten die Akkus, wenn sie voll sind, also zu 100 % geladen?

Tipp Der Prozentsatz ist immer 20 %.

9 **Aus dem Berufsleben**
Sam arbeitet im Supermarkt.
Er kontrolliert, ob das Gemüse noch gut ist. 15 % der Tomaten haben weiche Stellen. Das sind 30 Tomaten.
Wie viele Tomaten sind es insgesamt?

Tipp Der Prozentsatz p % ist immer mit % angegeben.

10 Stelle im Heft das Ganze dar.

a) 50 %   b) 20 %   10 %   c) 50 %   d)

Tipp Mit welcher Zahl muss man multiplizieren, um auf 100 % zu kommen?
So oft muss man die Fläche zeichnen.

11 Rechne im Kopf. Wie groß ist das Ganze?
Tipp 50 % sind 4 g, 100 % sind das Doppelte.

a) 50 % sind 1 m   b) 25 % sind 2 dm

c) 50 % sind 5 cm   d) 1 % sind 2 km

Tipp 100 % sind das Ganze.
100 % sind das **Doppelte** von 50 %.
100 % sind das **4**-Fache von 25 %.

Thema Zinsrechnung

Max hat ein Spar-Konto mit 200 € (**Kapital**).
Seine Bank zahlt einen **Zinssatz** von 1 %.
Das heißt: Nach einem Jahr bekommt Max 2 € **Zinsen**, weil er der Bank 200 € „leiht".

In der **Zinsrechnung** geht man vor wie in der Prozentrechnung.
Die bekannten drei Begriffe bekommen neue Namen:

Prozentrechnung	Zinsrechnung
Grundwert G ⟶	Kapital K
Prozentwert W ⟶	Zinsen Z
Prozentsatz p % ⟶	Zinssatz p %

Auch in der Zinsrechnung kann man die fehlenden Werte mit dem Dreisatz berechnen.

Beispiel 1   Zinsen berechnen
gegeben: Kapital K = 500 €; Zinssatz p % = 5 %
gesucht: Zinsen Z

Antwort: Die Zinsen betragen 25 €.

	Anteil	Betrag in €	
:100	100 %	500	:100
·5	1 %	5	·5
	5 %	25	

ANWENDEN

1 Ordne die Begriffe zu:
Kapital K, Zinsen Z, Zinssatz p %
a) **10 %** von **1500 €** sind **150 €**.
b) **400 €** sind **20 %** von **2000 €**.
c) Sophia hat auf ihrem Spar-Konto **500 €**.
   Die Bank verzinst ihr Geld mit **1 %**.
   Nach 1 Jahr bekommt sie **5 €** dazu.
d) Marcello erhält **8 €** Zinsen.
   Er hat **400 €** zu **2 %** angelegt.

Tipp Das Kapital ist das Ganze.
Die Zinsen sind ein Teil vom Ganzen.
Der Zinssatz ist der Anteil in Prozent.

2 Berechne die Zinsen.

	Kapital K	Zinssatz p %
a)	1000 €	10 %
b)	500 €	1 %
c)	200 €	5 %

Tipp Berechne mit dem Dreisatz:
① Teile auf beiden Seiten durch 100.
② Multipliziere dann auf beiden Seiten
   mit p %.

3 Anton hat ein Spar-Konto mit 500 €.
Seine Bank zahlt einen Zinssatz von 2 %.
a) Wie viel Zinsen bekommt er nach 1 Jahr?
b) Wie viel Geld ist nach einem Jahr auf
   seinem Konto?

Tipp Beginne die Tabelle so:

Anteil	Guthaben in €
100 %	

4 Herr Yong möchte eine neue Küche kaufen.
Er nimmt einen Kredit von 10 000 € auf.
Der Zinssatz beträgt 7 %.
Wie hoch sind die Zinsen für 1 Jahr?

Tipp Berechne mit dem Dreisatz.

Methode **Kreisdiagramme lesen**

Das Kreisdiagramm zeigt die Lieblingsfächer der Klasse 7a.
Der ganze Kreis steht für 100 %, also für die ganze Klasse.
In die 7a gehen insgesamt 25 Schüler. Das ist der Grundwert G.

Die Prozentsätze p % kann man im Kreisdiagramm ablesen:

Fach	Prozentsatz
Sport	36 %
Biologie	24 %
Deutsch	20 %
Mathe	12 %
Musik	8 %

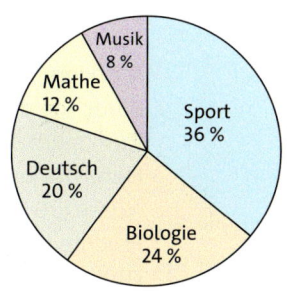

Mit dem Dreisatz kann man die Prozentwerte W berechnen.

Beispiel 1 Sport
gegeben: G = 25; p % = 36 %
gesucht: W

Antwort: 9 Schülerinnen und Schüler
haben Sport als Lieblingsfach.

	Anteil	Menge	
:100	100 %	25	:100
·36	1 %	$\frac{1}{4}$	·36
	36 %	9	

Die grüne Fläche gibt den Prozentsatz an.
Man kann den Prozentsatz schätzen,
auch wenn er nicht gegeben ist.

25 %   50 %   75 %

Beispiel 2 Die grüne Fläche ist größer als ein Viertel,
aber kleiner als die Hälfte. Der Prozentsatz liegt also zwischen 25 % und 50 %.
p % ist ungefähr 40 %.

ANWENDEN

1 Schreibe die Prozentsätze in eine Tabelle.
Lies ab oder schätze.
Berechne dann die Prozentwerte.
Der Grundwert ist immer 100.

Tipp Der ganze Kreis steht für 100 %.

a)   b)

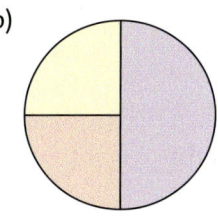

25 %

75 %

2 Gib die Prozentsätze
der lila und
der grünen Fläche an.

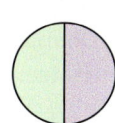

Tipp Die beiden Flächen sind gleich groß.

Methode **Kreisdiagramme erstellen**

Mit einem Kreisdiagramm kann man gut Anteile darstellen.
Dazu werden die Prozente als verschieden große Kreisteile dargestellt.
Zum Zeichnen muss man die Winkel in Grad bestimmen.

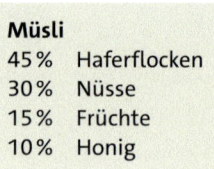

Müsli
45 %   Haferflocken
30 %   Nüsse
15 %   Früchte
10 %   Honig

Beispiel 1 Zutaten im Müsli
① Plane ausreichend Platz in deinem Heft ein.
   Markiere den Mittelpunkt M und zeichne um M einen Kreis.
② Berechne die Winkelgrößen. Es gilt:
   Winkelgröße = Zahl vor % · 3,6°
   Haferflocken (45 %)   45 · 3,6° = 162°
   Nüsse (30 %)   30 · 3,6° = 108°
   Früchte (15 %)   15 · 3,6° = 54°
   Honig (10 %)   10 · 3,6° = 36°
   Rechne die Probe: Alle Zutaten zusammen sind 360°.
   162° + 108° + 54° + 36° = 360°
③ Zeichne die Winkel im Kreis ein. Beschrifte die Kreisteile.

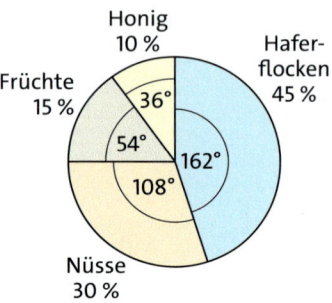

Man kann ein Kreisdiagramm aus Prozenten auch mit dem Computer erstellen.

① **Daten eintragen**
Übertrage dazu die Tabelle in eine Tabellenkalkulation.

② **Daten markieren**
Drücke dazu die linke Maustaste und halte sie gedrückt.
Bewege den Mauszeiger nun über den Bereich,
den du markieren möchtest.

	A	B
1	**Zutaten**	**Prozent**
2	Haferflocken	45%
3	Nüsse	30%
4	Früchte	15%
5	Honig	10%
6		

③ **Kreisdiagramm auswählen**
Klicke oben in der Menüleiste auf Einfügen.
Wähle dann bei
Diagramme das
Kreisdiagramm aus.

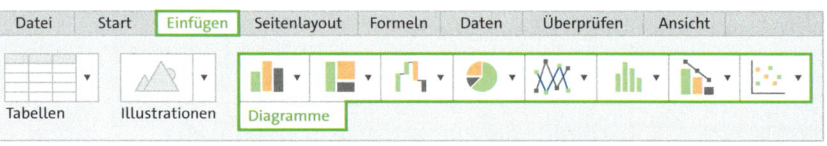

④ **Kreisdiagramm bearbeiten**
Man kann das Aussehen des Kreisdiagramms bearbeiten, z. B. Farben, Beschriftung, …

ANWENDEN

1 Ein T-Shirt besteht aus 60 % Baumwolle und 40 % Polyester.
Zeichne ein Kreisdiagramm. Erstelle ein zweites Kreisdiagramm mit dem Computer.
Vergleiche beide Kreisdiagramme.

Tipp Bestimme zum Zeichnen die Winkel in Grad:
Winkelgröße = Zahl vor % · 3,6°

2 Bei der Wahl zum Klassensprecher hat Aylin 9 Stimmen erhalten,
Zoran 7 Stimmen, Sarah 5 Stimmen und Dennis 4 Stimmen.
Berechne aus diesen Angaben die Prozentsätze. Runde sinnvoll.
Erstelle ein Kreisdiagramm.

Zufall und Wahrscheinlichkeit

In diesem Kapitel lernst du, ...

→ ein Zufallsexperiment zu erkennen.
→ die Wahrscheinlichkeit bei einem Laplace-Experiment zu bestimmen.
→ die Wahrscheinlichkeit für ein Ereignis zu berechnen.
→ mit zweistufigen Zufallsexperimenten umzugehen.
→ Wahrscheinlichkeiten mit der relativen Häufigkeit zu bestimmen.

Schon im alten Griechenland spielte man mit Würfeln.
Die Leute damals „würfelten" mit Knochen von Schafen oder Ziegen.
Diese Knochen hießen Astragale.
Auch Wahrsager verwendeten Astragale.
Sie stellten eine Frage, warfen dann die Astragale und ließen den Zufall über die Antwort entscheiden.
Welche Ergebnisse können die Astragale zeigen?
Vergleiche mit einem Spielwürfel.

ANWENDEN

1 Sind verschiedene Ergebnisse möglich?
Entscheide.
a) einen Würfel werfen
b) das letzte Bonbon nehmen
c) ein Los an einer Losbude ziehen

Tipp Gibt es mehr als ein Ergebnis?

2 Elif wirft den Gegenstand.
Welche möglichen Ergebnisse gibt es?
a) Münze   b) Streichholz-Schachtel

Tipp zu a)

*Die Münze kann mit der Zahl nach oben liegen
oder mit ...*

3 Lisa schneidet
ein Blatt Papier
in der Mitte durch.
Trifft diese Aussage zu?
"Ich weiß vorher nicht,
wie viele Teile ich erhalte."

Tipp Entscheide: Weißt du das Ergebnis
schon, ohne das Experiment durchzuführen?

4 Kann man das Experiment so oft wiederholen, wie man will?
Entscheide: Trifft zu oder trifft nicht zu?
a)   b)

Tipp Kannst du genau das gleiche Experiment
wiederholen?

5 Ist das ein Zufallsexperiment?
Treffen diese drei Aussagen zu?
① Es sind verschiedene Ergebnisse möglich.
② Man weiß vorher nicht, welches Ergebnis man
   erhält.
③ Man kann das Experiment so oft wiederholen,
   wie man will.
Tipp Sobald eine Aussage nicht zutrifft,
ist es kein Zufallsexperiment.

Jan dreht am Glücksrad.

6 Timo wirft einen Knopf.
Ist das ein Zufallsexperiment?
Treffen die drei Aussagen
①, ② und ③ zu?
Tipp Beginne so:
① Trifft zu.
   Der Knopf kann auf
   verschiedene Seiten fallen.
② Trifft ...

Tipp Wenn nur eine der drei Aussagen nicht
zutrifft, dann ist es schon kein Zufallsexperiment.

7 👥 Beschreibt das Zufallsexperiment.
Nennt die möglichen Ergebnisse.
a)  b)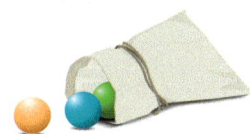

Tipp Überlege, wie man mit dem Gegenstand ein Zufallsexperiment durchführen kann. Ziehen, werfen, würfeln?

8 Die Skala hilft, die Wahrscheinlichkeit von einem Ergebnis zu schätzen.

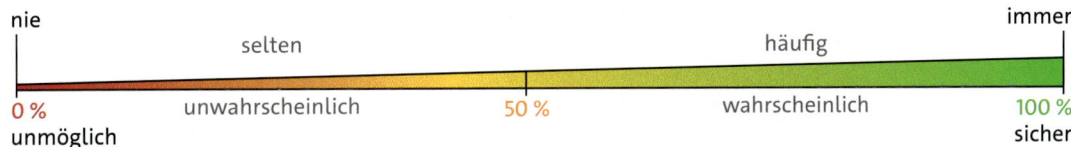

a) 👥 Zeigt auf der Skala:

| fast sicher | passiert immer | sicher | sehr unwahrscheinlich | passiert nie | unmöglich |

b) Welche Wahrscheinlichkeit kann man auf der Skala genau zeigen: 100 % oder 15 %?
c) Gib eine weitere Wahrscheinlichkeit an, die man genau zeigen kann.
d) Wo liegt "eher unwahrscheinlich" ungefähr?

9 👥 Wo steht die Situation auf der Skala?
a) Morgen regnet es.
b) In dieser Woche fällt Sport aus.
c) In der Cafeteria gibt es Croissants.
d) Morgen komme ich zu spät zur Schule.
e) Findet selbst eine Situation.
 Ordnet sie auf der Skala ein.

Tipp Betrachte die Skala von Aufgabe 8. Finde einen Punkt, bei dem man das Ergebnis ungefähr einordnen kann.

10 Zeige die Wahrscheinlichkeiten auf der Skala von Aufgabe 8 und gib in Prozent an. Schätze, wenn nötig.
Wie wahrscheinlich ist es, ...
a) dass bei einem Münzwurf die Zahl oben liegt?
b) dass ein Klebestift nach dem Werfen steht?
c) dass man beim Lotto den Hauptpreis gewinnt?
d) dass man bei dem Glücksrad gelb dreht?
e) Gib eigene Beispiele an: Was passiert sicher?
 Was ist unmöglich?.

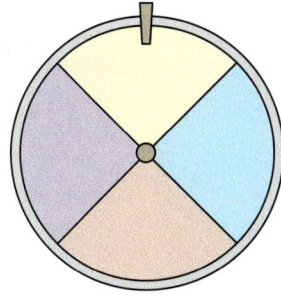

11 Ein Päckchen
Kaugummis
werfen

Tipp zu a) Wie kann das Päckchen landen?
zu b) Treffen die drei Aussagen ①, ② und ③ zu?

a) Welche möglichen Ergebnisse gibt es?
b) Begründe: Ist das ein Zufallsexperiment?
c) Schätze: Wie wahrscheinlich sind die
 einzelnen Ergebnisse?
 Tipp Benutze die Skala von Aufgabe 8.

ANWENDEN

1 Eine Kugel ziehen

Tipp zu a) Die möglichen Ergebnisse sind die vier Farben.

a) Welche Ergebnisse sind möglich?

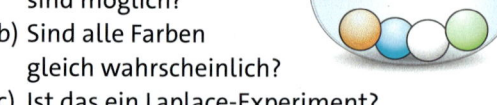

b) Sind alle Farben gleich wahrscheinlich?

c) Ist das ein Laplace-Experiment?

Tipp zu c) Die Antwort ergibt sich aus a) und b).

2 Gleich wahrscheinlich oder nicht?

a) Welche Ergebnisse sind möglich?

b) Welche Aussage trifft zu?

Aussage 1: Die Ergebnisse sind nicht gleich wahrscheinlich, weil es mehr orange Felder gibt.

Aussage 2: Die Ergebnisse sind gleich wahrscheinlich, weil alle Felder gleich groß sind.

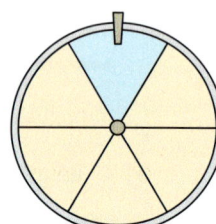

3 Eine Kugel ziehen

Tipp Für die möglichen Ergebnisse stehen die verschiedenen Farben.

a) Wie groß ist die Anzahl der möglichen Ergebnisse?

Tipp Wie viele Kugeln sind in der Schale?

b) Wie groß ist die Wahrscheinlichkeit für die blaue Kugel? Gib als Bruch an.

Tipp $P(\text{blau}) = \dfrac{1}{\text{Anzahl aller möglichen Ergebnisse}}$

4 Gib die Wahrscheinlichkeit als Bruch an.

Wie groß ist die Wahrscheinlichkeit...

a) eine 5 zu würfeln, also $P(5) = $ ▪?

b) eine 1 zu würfeln, also $P(1) = $ ▪?

c) eine 7 zu würfeln, also $P(7) = $ ▪?

Tipp Wie viele mögliche Ergebnisse gibt es beim Würfeln?

Schreibe diese Zahl in den Nenner: $\dfrac{1}{▪}$

5 Übertrage das Baumdiagramm in dein Heft.

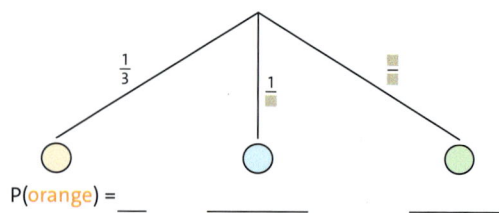

$P(\text{orange}) = $ ___   ___   ___

a) Ergänze die fehlenden Angaben im Baumdiagramm.

b) Schreibe den Text in dein Heft und fülle die Lücken:

Das Baumdiagramm hat 3 Pfade, denn es gibt ▪ mögliche Ergebnisse: orange, ▪ und grün. An jedem Pfad steht ▪ .

ANWENDEN

1 Welche Ergebnisse gehören zu dem Ereignis?

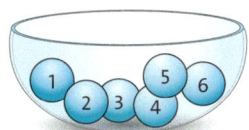

a) eine Zahl größer als 3 ziehen
b) eine Zahl kleiner als 3 ziehen
c) eine gerade Zahl ziehen
d) eine ungerade Zahl ziehen

Tipp Welche Ergebnisse gehören zu dem Ereignis „eine Zahl größer als 2 ziehen"?
alle möglichen Ergebnisse:
1, 2, 3, 4, 5, 6
Ereignis: eine Zahl größer als 2 ziehen
günstige Ergebnisse: 3, 4, 5, 6

2 Wie groß ist die Wahrscheinlichkeit, eine ungerade Zahl zu würfeln, die größer als 2 ist?
a) Nenne alle günstigen Ergebnisse Wie viele sind es?
b) Nenne alle möglichen Ergebnisse. Wie viele sind es?
c) Gib die Wahrscheinlichkeit als Bruch an.

3 Auf diesem Würfel sind 12 Zahlen. Gib die Wahrscheinlichkeit als Bruch an.

a) die Zahl 6 oder die Zahl 12 würfeln
   Tipp Schreibe P(6,12) = ▨
b) die Zahlen 1, 2 oder 3 würfeln
c) eine Zahl kleiner als 8 würfeln
d) eine Zahl größer als 8 würfeln
e) eine gerade Zahl würfeln

Tipp alle möglichen Ergebnisse:
1, 2, 3, 4, 5, 6, 7, 8, 9, 10, 11, 12
Ereignis: 1 oder 2 würfeln
günstige Ergebnisse: 1, 2
Das sind 2 Ergebnisse.
$P = \frac{2}{12} = \frac{1}{6}$

4 Wo ist die Wahrscheinlichkeit für eine gerade Zahl am größten?

① 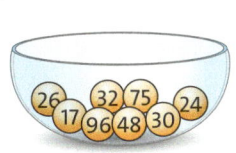 ②  ③  ④

5 In einer Schale sind 50 Lose. Davon sind 8 kleine Gewinne, 2 große Gewinne und 40 Nieten.
Wie groß ist die Wahrscheinlichkeit für einen Gewinn?
Gib in Prozent an.

Tipp Wie viele kleine und große Gewinne gibt es zusammen? Addiere zuerst.

6 Erkläre und berichtige die Fehler.

a)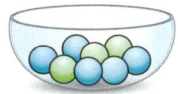

b)

c)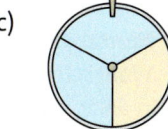

$P(grün) = \frac{3}{5} = \frac{6}{10} = 60\%$ $P(5) = \frac{5}{6}$ $P(orange) = \frac{1}{2}$

7 Das Glücksrad wird einmal gedreht.
Übertrage das Baumdiagramm ins Heft.
Ergänze die fehlenden Angaben.

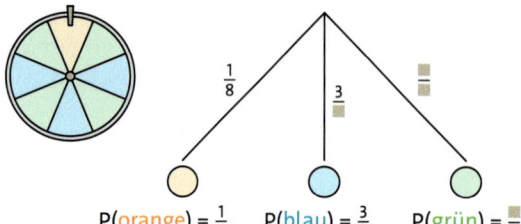

P(orange) = $\frac{1}{8}$ P(blau) = $\frac{3}{\blacksquare}$ P(grün) = $\frac{\blacksquare}{\blacksquare}$

Tipp Im Nenner steht, wie viele Felder das Glücksrad insgesamt hat.

8 Übertrage die Kiste in dein Heft.

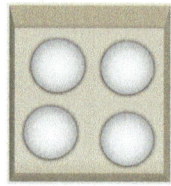

Färbe die Kugeln so:
– Rot hat eine Wahrscheinlichkeit von $\frac{1}{4}$.
– Blau hat eine Wahrscheinlichkeit von $\frac{1}{2}$.
– Grün hat eine Wahrscheinlichkeit von ■.
  Tipp Gib als Bruch an.

Tipp Wie groß ist die Wahrscheinlichkeit für ein Feld?
Wie groß ist die Wahrscheinlichkeit für zwei Felder?

9 👥 Übertragt das Würfelnetz
in eure Hefte.

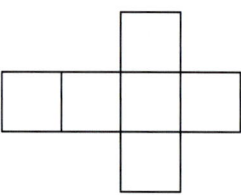

Jeder trägt die Zahlen 1, 2 und 3 ein.
Es soll gelten:
Die 2 soll eine größere Wahrscheinlichkeit
haben als die 3.
Vergleicht eure Lösungen.
Tipp Es gibt mehrere Lösungen.

Tipp Die Zahlen 1, 2 und 3 können keinmal, einmal, zweimal oder dreimal vorkommen.

10 Buchstaben und Wahrscheinlichkeiten

a) Wie viele Kärtchen sind das?
b) Nenne ein Ereignis mit der
   Wahrscheinlichkeit 20 %.
Tipp Wie oft kommt jeder Buchstabe vor?

Tipp zu b) Wie viele Kärtchen gehören zu deinem Ereignis?
Wähle aus, welche Kärtchen das sein sollen.

ANWENDEN

1 Tobias zieht eine Kugel und legt sie wieder zurück.
Danach zieht er noch eine Kugel.
a) Wie viele Kugeln sind es insgesamt?
b) Wie viele orange und wie viele blaue Kugeln gibt es?
c) Übertrage und ergänze das Baumdiagramm im Heft.

   Tipp Wenn du die Wahrscheinlichkeiten nach zweimal Ziehen berechnen willst,
   dann multiplizierst du die Brüche entlang eines Pfades.

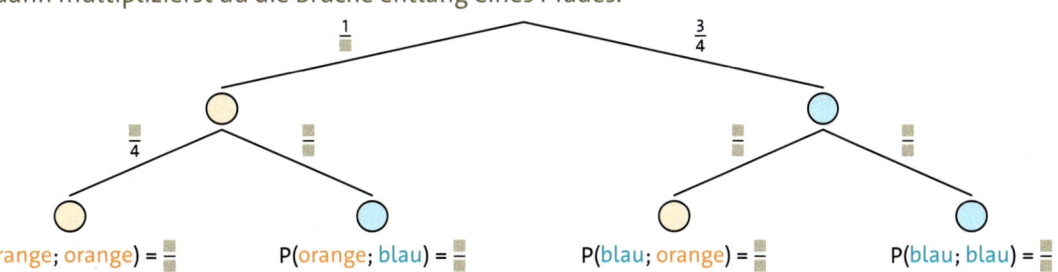

$\frac{1}{■}$ $\frac{3}{4}$

$\frac{■}{4}$ $\frac{■}{■}$ $\frac{■}{■}$ $\frac{■}{■}$

P(orange; orange) = $\frac{■}{■}$ P(orange; blau) = $\frac{■}{■}$ P(blau; orange) = $\frac{■}{■}$ P(blau; blau) = $\frac{■}{■}$

2 Das Glücksrad wird
zweimal hintereinander
gedreht.
a) Übertrage und ergänze
   das Baumdiagramm.

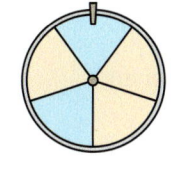

Tipp Es sind insgesamt 5 Felder, also ist der
Nenner immer 5.

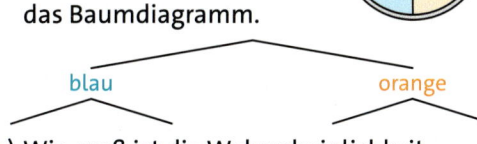

blau   orange

b) Wie groß ist die Wahrscheinlichkeit,
   zweimal hintereinander rot zu drehen?

3 Eine Münze wird zweimal nacheinander
geworfen. W steht für Wappen, Z für Zahl.

$\frac{1}{2}$ $\frac{1}{2}$

W   Z

$\frac{1}{2}$ $\frac{1}{2}$ $\frac{1}{2}$ $\frac{1}{2}$

P(W; W)   P(W; Z)   P(Z; W)   P(Z; Z)

Wie groß ist die Wahrscheinlichkeit für zwei
unterschiedliche Ergebnisse, also für W, Z oder
Z, W?

Tipp Berechne zuerst die Wahrscheinlichkeit
für Wappen, Zahl (W, Z). Rechne $\frac{1}{2} \cdot \frac{1}{2} = \frac{■}{■}$
Berechne danach die Wahrscheinlichkeit für
Zahl, Wappen (Z, W).
Addiere die beiden Wahrscheinlichkeiten.

4 Welche Schale passt: A oder B?

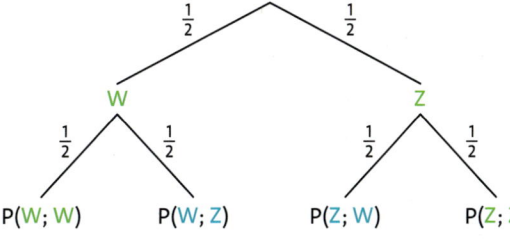

$\frac{1}{4}$ $\frac{3}{4}$

$\frac{1}{4}$ $\frac{3}{4}$ $\frac{1}{4}$ $\frac{3}{4}$

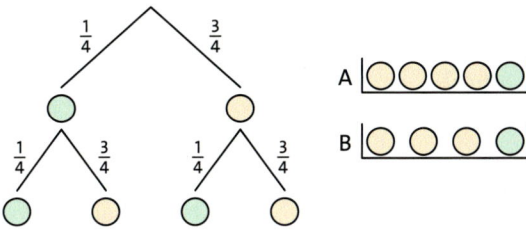

Tipp Wie viele Kugeln liegen in der Schale A?
Wie viele Kugeln liegen in der Schale B?
Schaue dir dann die Nenner im Baum-
diagramm an.

5 Elias würfelt zweimal hintereinander.
Er will zwei Sechsen würfeln.
Er sagt: „Die anderen Zahlen fasse ich
zusammen."
a) Ergänze das Baumdiagramm im Heft.
b) Erkläre, warum oben rechts $\frac{5}{6}$ stehen.
c) Wie groß ist die Wahrscheinlichkeit für zwei
Sechsen?

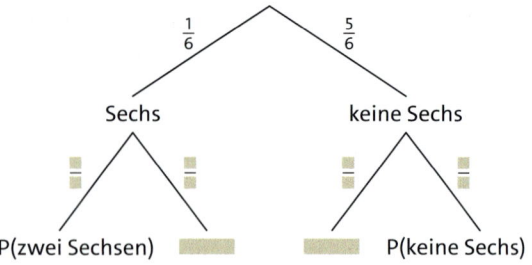

Tipp Schau dir Aufgabe 5 noch einmal genau
an.

6 Miray würfelt zweimal hintereinander.
Sie will zwei Einsen würfeln.
Wie groß ist die Wahrscheinlichkeit?
Zeichne ein Baumdiagramm.
Fasse die Zahlen 2 bis 6 zusammen als
„keine Eins".

Methode Wenn man die 1. Kugel **nicht**
zurücklegt, dann muss man beim 2. Ziehen
die Nenner um 1 verkleinern.

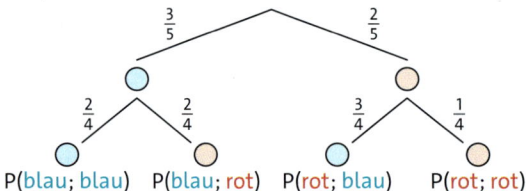

7 Leon zieht eine Kugel,
legt sie aber nicht zurück
und zieht noch eine Kugel.
a) „Beim 2. Ziehen ist die
Gesamtzahl der Kugeln
anders." Erkläre.
b) „Dadurch ändern sich die Nenner beim
2. Ziehen." Erkläre.
c) Wie groß ist P (blau; blau)?

8 In einer Schale sind 2 gelbe und 3 grüne
Kugeln. Amelia zieht eine Kugel, legt sie nicht
zurück und zieht noch eine Kugel.
a) Wie viele Kugeln gibt es beim 1. Ziehen?
Wie viele Kugeln gibt es beim 2. Ziehen?
b) Zeichne ein Baumdiagramm. Trage die
Wahrscheinlichkeiten ein.
c) Wie wahrscheinlich sind 2 gelbe Kugeln?

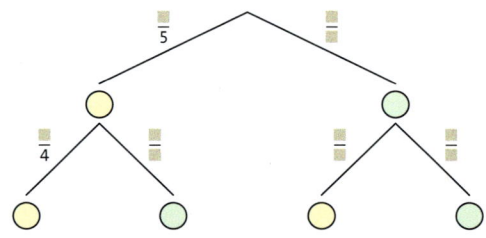

9 In einer Tüte sind 8 gelbe und 2 rote Drops.
Diar nimmt einen Drop und dann noch einen.
a) Zeichne ein Baumdiagramm.
b) Wie groß ist die Wahrscheinlichkeit, dass
Diar die beiden roten Drops nimmt?

Tipp Wie viele Drops sind es beim ersten
Ziehen? Wie viele beim zweiten Ziehen?

10 In einer Schublade sind 1 blaue und 5 rote
Socken. Kim nimmt nacheinander 2 Socken.
Warum fehlt ein Pfad im Baumdiagramm?

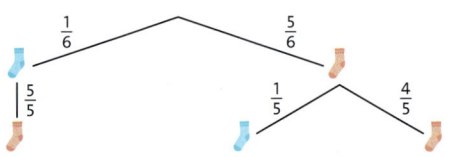

Tipp Wenn Kim als erstes die blaue Socke
gezogen hat: Wie viele blaue Socken sind
dann noch da?

ANWENDEN

1 Lieblingssüßigkeiten: Übertrage die Tabelle ins Heft. Berechne die fehlenden Angaben.

Süßigkeit	absolute Häufigkeit	relative Häufigkeit		
		als Bruch	in Prozent	als Dezimalzahl
Lakritz	12	$\frac{12}{120} = \frac{1}{10}$		
Pralinen	6			
Bonbons	24	$\frac{1}{5}$		
Weingummi	36		30 %	
Schokolade	42			0,35
Gesamtzahl	**120**			

2 Einen Legostein werfen

Gesamtzahl der Würfe	
10	2
50	10
100	25
200	48
500	120

a) Bestimme jeweils die relative Häufigkeit.
  Tipp Für 10 Würfe: $\frac{2}{10} = 20\,\%$
b) Was fällt dir auf?
c) Bestimme einen guten Schätzwert für die Wahrscheinlichkeit.

Tipp zu a) Gesamtzahl der Würfe: 10
absolute Häufigkeit: 2
relative Häufigkeit: $\frac{2}{10} = \frac{20}{100} = ?\,\%$

25 %   24 %   20 %   24 %   20 %

Hinweis

So kann der Deckel landen:

Öffnung unten

Öffnung oben

auf der Seite

3 👥 Ihr braucht viele Deckel von Flaschen.
a) Übertragt die Tabelle ins Heft.

Gesamtzahl	absolute Häufigkeit	relative Häufigkeit
10		
20		
30		

b) Werft zuerst 10 Deckel auf einmal.
  Zählt, wie viele mit der Öffnung nach unten landen.
  Tragt die Anzahl ein.

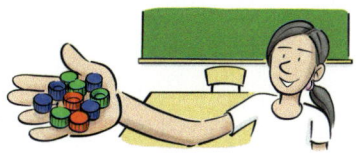

c) Werft dann 20 und dann 30 Deckel.
  Ihr könnt auch 2-mal 10 Deckel werfen.
  Und dann 3-mal 10 Deckel.
  Zählt wieder und tragt die Anzahl ein.
d) Berechnet die relativen Häufigkeiten.
e) Bestimmt einen Schätzwert für die Wahrscheinlichkeit.

Tipp zu d) relative
Häufigkeit = $\frac{\text{absolute Häufigkeit}}{\text{Gesamtzahl}}$

Methode Anzahlen schätzen mithilfe von Wahrscheinlichkeiten

Frau Sturm kauft 120 Nägel.

Meist ist $\frac{1}{10}$ der Nägel verbogen.

Die Wahrscheinlichkeit beträgt also $\frac{1}{10}$.

Frau Sturm kauft 120 Nägel.

$\frac{1}{10}$ von 120 Nägeln sind $\frac{1}{10} \cdot 120 = \frac{120}{10} = 12$

Wahrscheinlich sind 12 Nägel verbogen.

5 Kira macht 10 Schüsse auf das Tor.
Sie hat 3 Treffer.

a) Welcher Bruch gibt die relative Häufigkeit für einen Treffer an? $\frac{10}{3}$ oder $\frac{3}{10}$?

b) Wie viele Treffer hat Kira wahrscheinlich bei 100 Schüssen?
Nimm den Bruch aus a) als Schätzwert für die Wahrscheinlichkeit.

6 Aus dem Berufsleben

In einer Kiste sind 20 Gläser. Beim Transport geht meist 1 Glas davon kaputt.

a) Berechne die relative Häufigkeit für ein kaputtes Glas.

b) Ein Restaurant bestellt 80 Gläser. Wie viele Gläser sind wahrscheinlich kaputt?

7 An einer Schule werden einige Schüler befragt. $\frac{3}{10}$ sagen, dass sie schon einmal bei einer Arbeit geschummelt haben.

$\frac{3}{10}$ ist ein Schätzwert für die Wahrscheinlichkeit, dass jemand schummelt.

a) Die Schule hat 500 Schüler. Wie viele Schummler sind wahrscheinlich dabei?

b) Wie viele Kinder in deiner Klasse haben wahrscheinlich schon mal geschummelt?

4 Somi kauft eine große Box mit 100 Angelhaken.
Er sagt: „Hoffentlich ist nicht so viel verbogener Schrott dabei!"
Meist sind $\frac{3}{20}$ verbogen.
Wie viele von den 100 Angelhaken sind wahrscheinlich verbogen?

Tipp zu a) relative Häufigkeit = $\frac{\text{Treffer}}{\text{Schüsse aufs Tor}}$

Tipp zu a) 1 von 20 bedeutet $\frac{1}{\blacksquare}$.
zu b) Berechne $\frac{1}{\blacksquare}$ von 160.

Tipp Berechne $\frac{3}{10}$ von $\blacksquare$ Schülern.

Abbildungen und Grundkonstruktionen

In diesem Kapitel lernst du, ...

→ eine Figur an einer Achse zu spiegeln.

→ eine Figur um einen Punkt zu drehen.

→ Mittelsenkrechten zu konstruieren und wie du damit den Umkreis eines Dreiecks zeichnest.

→ Winkelhalbierende zu konstruieren und wie du damit den Inkreis eines Dreiecks zeichnest.

In der Natur gibt es verschiedene Symmetrien.
Wie musst du einen Spiegel auf das Kleeblatt stellen, damit das Spiegelbild die Originalhälfte vom Kleeblatt ergänzt?
Wie weit musst du das Kleeblatt drehen, damit es so aussieht wie das Original?
Um welchen Punkt drehst du das Klettblatt dabei?
Findest du weitere symmetrische Objekte in deiner Umgebung?

ANWENDEN

1 Ist die orange Figur durch eine Achsenspiegelung entstanden?
Begründe.
Tipp Prüfe mit dem Geodreieck.

a) 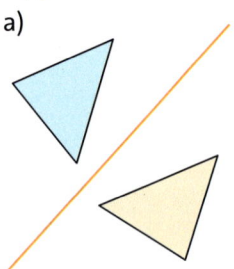   b) 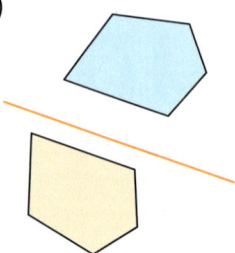   c) 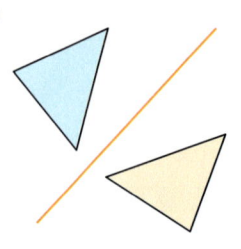   d)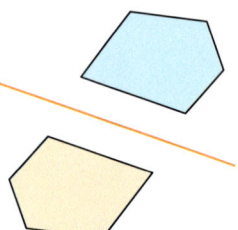

2 Übertrage das Dreieck ins Heft.
Spiegle es an der Spiegelachse.
Tipp Zähle die Kästchen bis zur Linie.

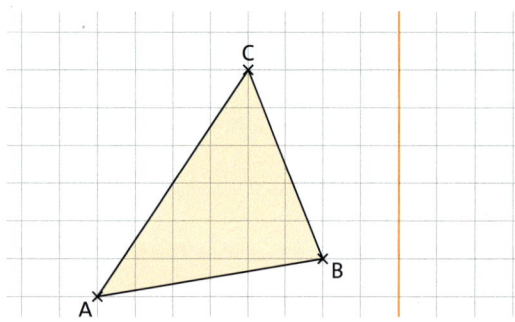

Tipp

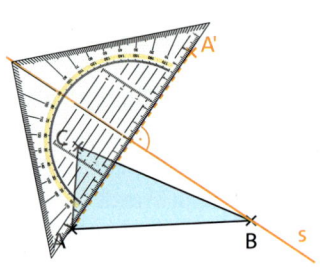

3 Spiegle im Heft die Figur an der Achse.

a)   b)

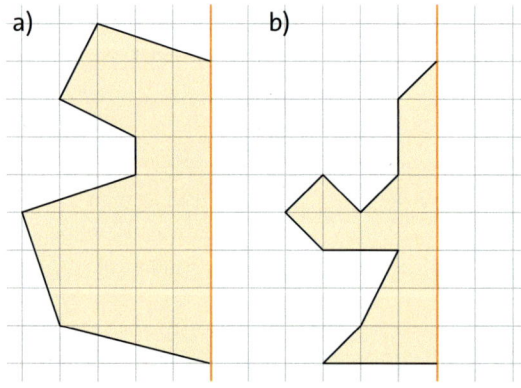

Tipp Zähle die Kästchen ab, wenn du die Figur
ins Heft überträgst.
Punkt und Bildpunkt haben denselben
Abstand zur Spiegelachse.

4 Übertrage ins Heft.

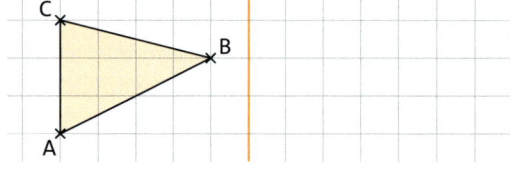

Tipp zu a) Zähle die Kästchen vom Punkt bis
zur Linie. Denselben Abstand haben die
gespiegelten Punkte.
Oder benutze dein Geodreieck.

a) Spiegle das Dreieck ABC an der Achse.
b) Miss die Strecken $\overline{AC}$ und $\overline{A'C'}$. Vergleiche.

ANWENDEN

1 Das orange Dreieck wurde gedreht. Welches Dreieck ist die Bildfigur? Begründe.
Tipp Miss die Seitenlängen und die Winkelgrößen und vergleiche.

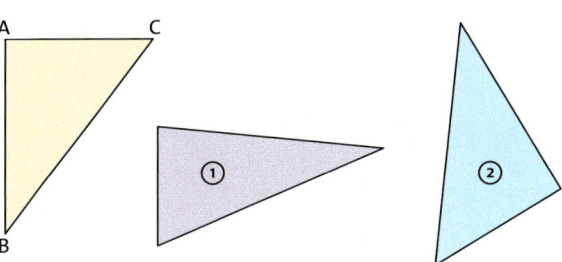

2 Zeichne die Strecke $\overline{ZA}$ = 4 cm ins Heft.

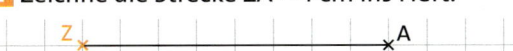

Tipp

Drehe A um Z mit dem Drehwinkel α = 45°.
Tipp Zeichne um Z einen Kreisbogen mit dem Radius r = 4 cm.
Zeichne α gegen den Uhrzeigersinn ↺.

3 👥 Das Dreieck ABC soll gedreht werden:
Z ist das Drehzentrum, α = 80° ist der Drehwinkel.
a) Lilly hat Punkt A schon um Z gedreht.
   Beschreibt, wie Lilly dabei vorging.
b) Übertragt das Dreieck und Z ins Heft.
   Tipp Zählt Kästchen aus: ▨ nach rechts und ▨ nach oben.
c) Dreht nacheinander die Punkte A, B und C um Z.
d) Verbindet die Bildpunkte zum Dreieck A'B'C'.

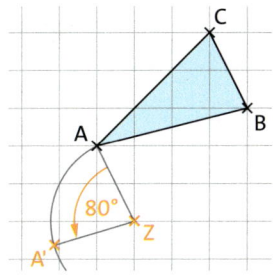

4 Übertrage ins Heft.
Drehe das Dreieck um Z mit dem Drehwinkel α = 85°.

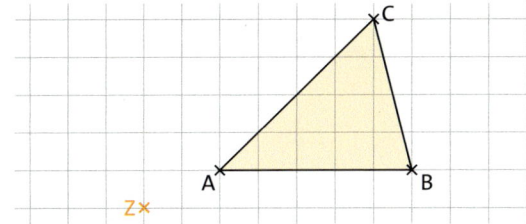

Tipp Beginne mit dem Eckpunkt A:
① Verbinde Z und A.
② Stich den Zirkel bei Z ein. Spanne den Zirkel auf, bis die Bleistiftmine A erreicht.
③ Zeichne einen Kreisbogen um Z durch A.
④ Zeichne in Z den Drehwinkel α = 85°.
⑤ Der Schnittpunkt ist A'.
⑥ Konstruiere B' und C' genauso.

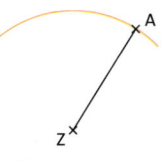

5 Übertrage ins Heft.

Tipp
① Beschrifte die Eckpunkte mit A, B, C und D.
② Verbinde die Eckpunkte mit Z.
③ Drehe die Figur gegen den Uhrzeigersinn ↺.

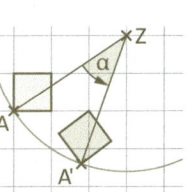

a) Drehe die Figur um 90° um Z.
b) Drehe dann die Bildfigur um 90° um Z.
c) Um wie viel Grad wurde die Originalfigur insgesamt gedreht?

6 Übertrage ins Heft. Spiegle den Punkt an Z.   **Tipp**

a)   b)

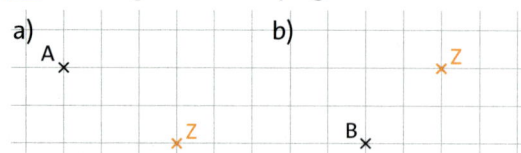

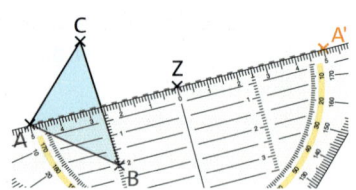

7 Mats hat das Viereck an Punkt Z gespiegelt. Dabei hat er Fehler gemacht.

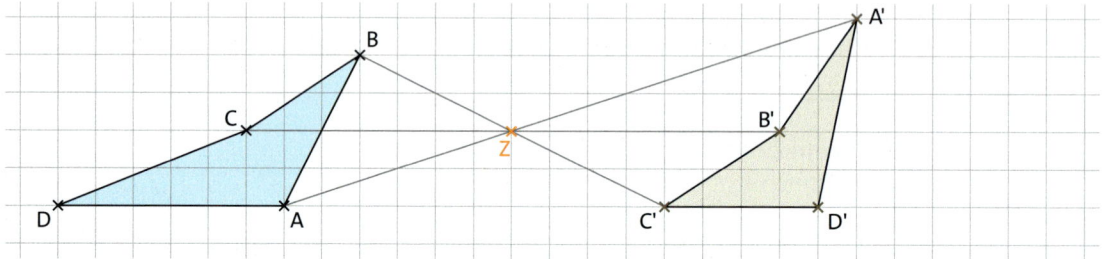

a) Beschreibt die Fehler.
b) Spiegelt die Figur an Z richtig im Heft.

8 Übertrage ins Heft. Spiegle die Figur an Z.   **Tipp**
Tipp Punkt A ist schon gespiegelt.
Spiegle B und C auch an Z.

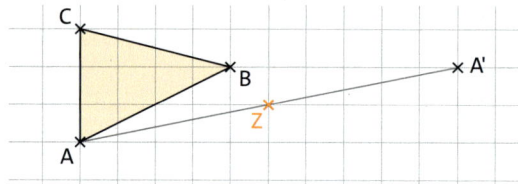

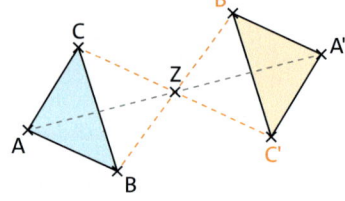

9 Spiegle im Heft an Punkt Z . Die entstandene Figur heißt punktsymmetrisch.

a)   b)

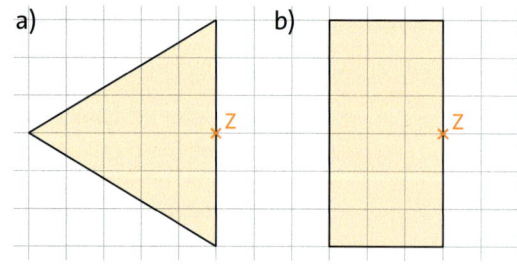

Tipp
① Beschrifte die Eckpunkte der Figur.
② Spiegle die Eckpunkte an Punkt Z.
③ Verbinde dann die Bildpunkte mit der Figur.

10 Wie ist die Bildfigur entstanden?
Wer hat recht? Begründe.

Durch eine
Punktspiegelung.

Durch eine
Drehung.

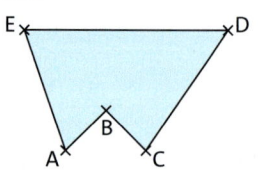

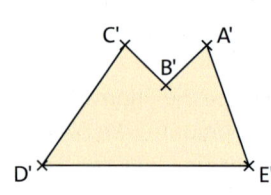

ANWENDEN

1 Ist das die Mittelsenkrechte?
Begründe.

a) 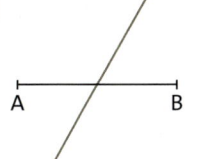   b) 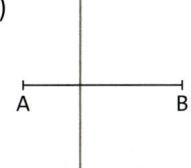   c) 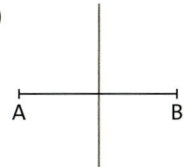   d)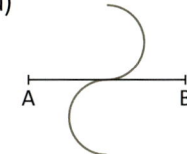

2 Melike hat etwas durcheinandergebracht.
Bringe die Schritte in die richtige Reihenfolge.

Ⓐ Die Kreise schneiden sich. Ich zeichne eine Gerade durch die Schnittpunkte.

Ⓑ Ich stelle den Zirkel ein: Radius r = 3 cm.

Ⓒ Ich zeichne die Strecke $\overline{SH}$ = 5 cm.

Ⓓ Ich zeichne einen Kreis um H.

Ⓔ Ich beschrifte die Mittelsenkrechte: m.

Ⓕ Ich zeichne einen Kreis um S.

Tipp

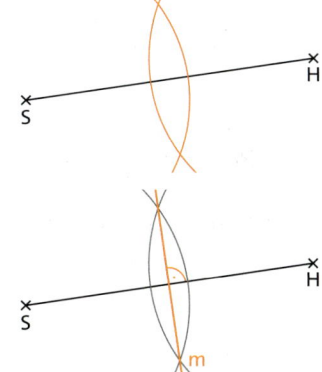

3 Konstruiere die Mittelsenkrechte im Heft.

A×————————×B

Tipp Benutze als Radius für die Kreise 4 cm.

4 Zeichne ein Quadrat ins Heft:
Seitenlänge a = 4 cm
Konstruiere alle Mittelsenkrechten.

Tipp Bei einem Quadrat sind alle Seiten gleich lang.

5 Yasmin und Johanna wollen sich im Park treffen. Der Weg zum Treffpunkt soll für beide gleich lang sein.
Mögliche Treffpunkte sind:
– der Steg am See
– die Bank
– das Basketballfeld

Kannst du herausfinden, wo sie sich treffen sollen?
Übertrage ins Heft.
Begründe deine Antwort.

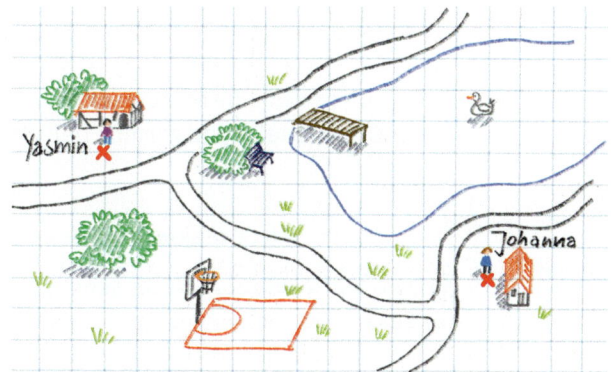

6 Die Strecke $\overline{AB}$ ist 7 cm lang.
Wo liegt ein Punkt, der von A und B 4 cm entfernt ist?
Beschreibe dein Vorgehen.

Tipp Zeichne die Mittelsenkrechte von $\overline{AB}$. Die gesuchten Punkte liegen auf der Mittelsenkrechten. Es sind zwei Punkte.

Info Der Umkreis

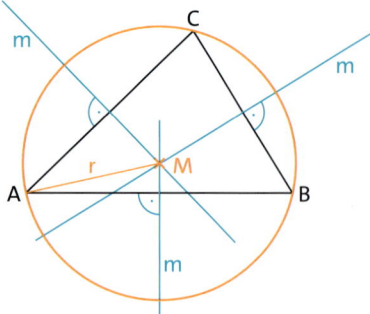

Die Mittelsenkrechten vom Dreieck schneiden sich in einem Punkt.
Das ist der Mittelpunkt M vom Umkreis.
Der Umkreis berührt jede Ecke vom Dreieck.

9 Wie ist die richtige Reihenfolge?
Ⓐ Ich markiere den Schnittpunkt M.
Ⓑ Ich zeichne um M einen Kreis, der durch die Eckpunkte des Dreiecks geht.
Ⓒ Ich zeichne das Dreieck ABC.
Ⓓ Ich zeichne die drei Mittelsenkrechten.

10 Konstruiere den Umkreis im Heft.
Zeichne den Radius ein. Miss seine Länge.

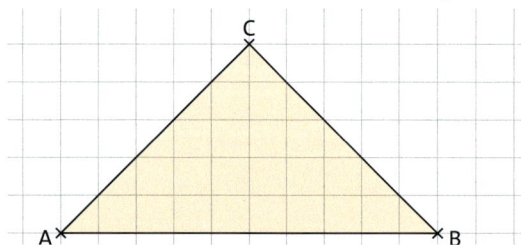

11 Konstruiere ein gleichseitiges Dreieck mit
a = b = c = 6 cm im Heft.
Konstruiere dann die Mittelsenkrechte zu jeder Dreiecksseite und zeichne den Umkreis.

7 Miss den Abstand von M zu jedem Eckpunkt.
Was fällt dir auf?

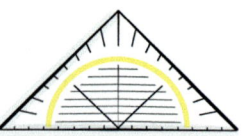

8 Zeichne ein beliebiges Dreieck ins Heft.
a) Konstruiere dann den Umkreis:
  – Konstruiere die Mittelsenkrechten.
  – Markiere ihren Schnittpunkt M.
  – Stich mit dem Zirkel in M ein. Stelle den Zirkel so ein, dass du einen Eckpunkt triffst.
  – Ziehe den Kreis um M.
b) Was stellst du fest?

Tipp Mittelsenkrechte zur Strecke $\overline{SH}$

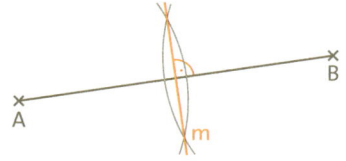

Tipp Miss den Abstand von M zu A.

Tipp Zeichne eine Dreiecksseite.
Zeichne dann zwei Kreise mit r = 6 cm …

🖥 **Methode Mittelsenkrechten mit dynamischer Geometrie-Software konstruieren**

12 Mit dem Werkzeug „Mittelsenkrechte" kann man leicht eine Mittelsenkrechte konstruieren.
a) Zeichne ein beliebiges Dreieck ABC. Konstruiere den Mittelpunkt vom Umkreis und dann den Umkreis.
b) Bewege die Eckpunkte vom Dreieck. Wo liegt der Umkreis-Mittelpunkt bei spitzwinkligen, rechtwinkligen und stumpfwinkligen Dreiecken?
c) Präsentiere deine Ergebnisse.

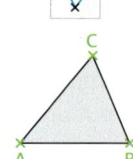
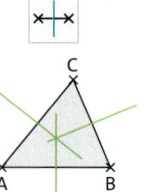
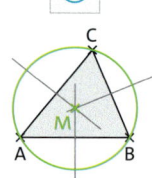

ANWENDEN

1 Ist das die Winkelhalbierende?

Tipp Miss die einzelnen Winkel mit deinem Geodreieck.

a)

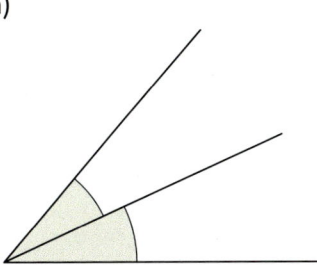

b)

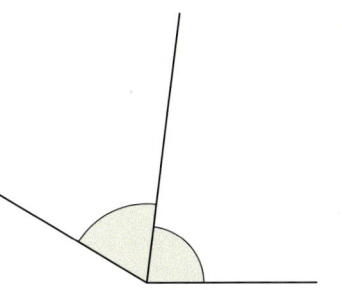

c)

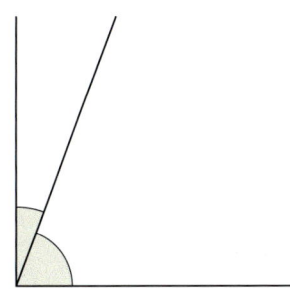

2 Paula hat etwas durcheinandergebracht.
a) Bringe die Schritte in die richtige
   Reihenfolge.
b) Konstruiere nach der Beschreibung.

Tipp

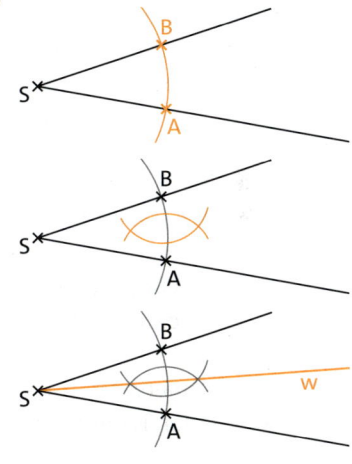

Ⓐ Die Kreise schneiden sich. Ich zeichne
   einen Strahl durch die Schnittpunkte.

Ⓑ Ich zeichne zwei Kreise mit demselben
   Radius um die Schnittpunkte.

Ⓒ Ich zeichne den Winkel α = 90°.

Ⓓ Ich zeichne einen Kreis mit beliebigem
   Radius um den Scheitelpunkt.

Ⓔ Ich beschrifte die Winkelhalbierende w.

3 Zeichne die Winkel in dein Heft.
Konstruiere dann die Winkelhalbierenden.
Kontrolliere mit dem Geodreieck.
a) α = 50°
b) β = 70°
c) γ = 100°

Tipp Stelle für die Konstruktion der
Winkelhalbierenden einen beliebigen Radius
ein.
Zeichne damit die zwei Kreise.

4 Zeichne das Parallelogramm
in dein Heft.
a) Konstruiere alle Winkelhalbierenden.
b) Überprüfe dein Ergebnis.

Tipp zu b) Miss mit dem Geodreieck:
Sind die beiden Winkel gleich groß?

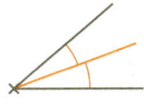

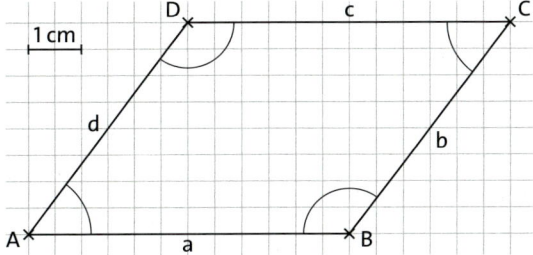

Info Der Inkreis

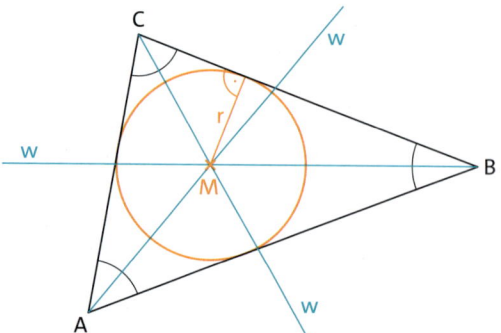

Die Winkelhalbierenden vom Dreieck
schneiden sich in einem Punkt.
Das ist der Mittelpunkt M vom Inkreis.
Der Inkreis berührt alle drei Seiten vom
Dreieck.

7 Zeichne jedes Dreieck in ein eigenes
Koordinatensystem.
Konstruiere dann den Inkreis vom Dreieck.
a) A (0|0); B (12|0); C (2|8)
b) A (0|2); B (10|2); C (12|8)

8 Im Ruhrwald soll auf einer dreieckigen
Fläche zwischen Wanderwegen ein möglichst
großes kreisrundes Blumenbeet gepflanzt
werden.
Wo muss der Mittelpunkt des Beetes sein?
Welchen Abstand hat der Mittelpunkt des
Beetes von den Wegen?
Tipp Eine Skizze kann dir helfen.

5 Miss den Abstand
von M zu jeder Seite
vom Dreieck.
Was fällt dir auf?

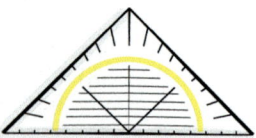

6 Zeichne ein beliebiges Dreieck
ins Heft.
a) Konstruiere dann den Inkreis:
– Konstruiere die
Winkelhalbierenden.
– Markiere ihren Schnittpunkt M.
– Stich mit dem Zirkel in M.
Stelle den Zirkel so ein, dass
du eine Seite triffst.
– Ziehe den Kreis um M.
b) Was stellst du fest?

Tipp Zeichne das Koordinatensystem so:
x-Achse (→): von 0 bis 12
y-Achse (↑): von 0 bis 8
Achte darauf, die Winkel richtig zu halbieren.

Tipp Das Beet ist der Inkreis der dreieckigen
Fläche.

Methode Winkelhalbierende mit dynamischer Geometrie-Software konstruieren

9 Mit dem Werkzeug „Winkelhalbierende" kann man leicht Winkelhalbierende konstruieren.
a) Zeichne ein beliebiges Dreieck ABC.
b) Konstruiere die drei
Winkelhalbierenden.
In welchem Punkt schneiden
sie sich?
c) 👥 Konstruiert den Inkreis.
Bewegt einen Eckpunkt und
überprüft, ob der Inkreis wirklich
alle Dreiecksseiten berührt.

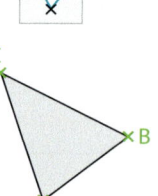

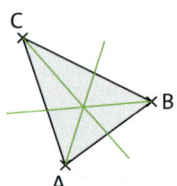

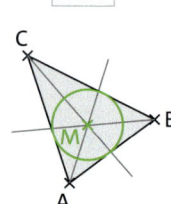

Tipp So bestimmt ihr den Radius vom Inkreis:
Konstruiert zu a eine senkrechte Gerade durch den Mittelpunkt vom Inkreis.
Der Schnittpunkt von a und der senkrechten Gerade ist der Endpunkt vom Radius.
d) 👥 Präsentiert eure Ergebnisse in der Klasse.

Thema Besondere Linien im Dreieck

In ein Dreieck kann man besondere Linien und ihren Schnittpunkt einzeichnen.
Je drei Linien schneiden sich in einem Punkt.

Beispiel 1 Die Mittelsenkrechten schneiden sich im Mittelpunkt vom Umkreis.

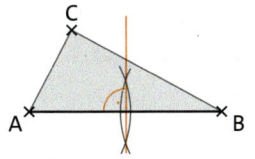 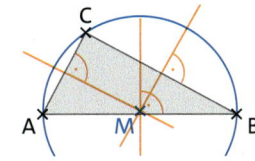

Beispiel 2 Die Winkelhalbierenden schneiden sich im Mittelpunkt vom Inkreis.

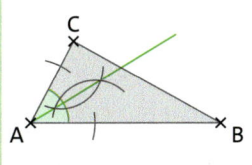 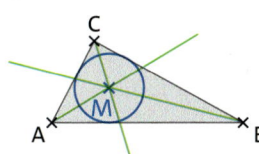

1 👥 Dreiecke balancieren
a) Probiert aus, ob ihr Dreiecke aus Papier balancieren könnt.
b) Erklärt euer Vorgehen. Worauf müsst ihr achten? Begründet.

Ich balanciere das Dreieck auf dem Lineal.

Ich kann es auf dem Finger balancieren.

Beispiel 3 Die Seitenhalbierenden schneiden sich im **Schwerpunkt** vom Dreieck.

Strecke von C zur Mitte von c

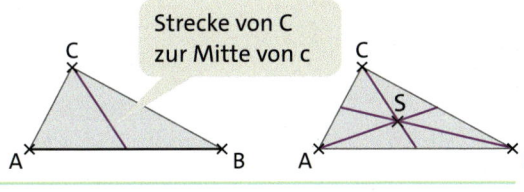

Beispiel 4 Die Höhen schneiden sich im Höhenschnittpunkt.

Senkrechte zu c durch C

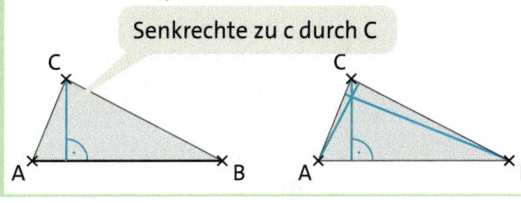

2 Welche besondere Linie ist eingezeichnet?

a) 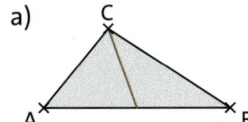 b) 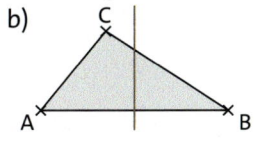 c) 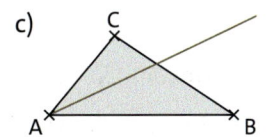 d)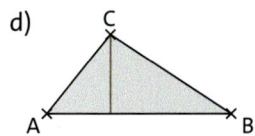

3 Ergänze im Heft.
Konstruktion der ▬ *im Dreieck ABC*
Bestimme den ▬ *von Seite a mit dem* ▬.
▬ *den Mittelpunkt von a mit Punkt* ▬.
Konstruiere genauso die ▬ *von* ▬.

Tipp Setze ein:

Geodreieck   Verbinde   b und c

Seitenhalbierenden   A   Mittelpunkt

4 Übertrage die Zeichnung ins Heft.
a) Zeichne die Seitenhalbierenden ein.
b) Bestimme den Schwerpunkt.

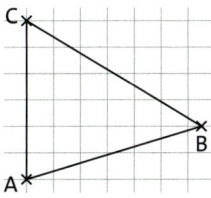

Tipp zu a) Bestimme den Mittelpunkt von einer Seite mit dem Geodreieck.
Verbinde den Mittelpunkt mit dem gegenüberliegenden Eckpunkt.
zu b) Markiere den Schnittpunkt von den drei Seitenhalbierenden.

Thema Satz des Thales

1 👥 Zeichnet verschiedene Halbkreise.
Markiert dann einen Punkt auf dem Kreisbogen.
Verbindet diesen Punkt wie in der Zeichnung
mit A und B zu einem Dreieck.
Vergleicht die Dreiecke. Was fällt euch auf?
Tipp Messt die Winkel.

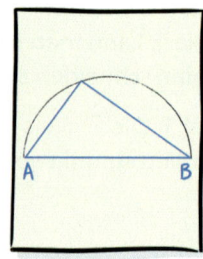
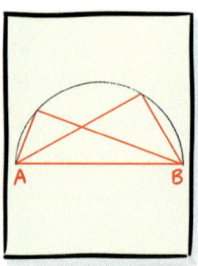

Thales von Milet hat Dreiecke erforscht.
Er lebte um 600 v. Chr. | vor Christus

Satz des Thales
Für ein Dreieck ABC gilt:
Wenn der Eckpunkt C auf dem Halbkreis über
der Seite $\overline{AB}$ liegt, dann ist das Dreieck
rechtwinklig.

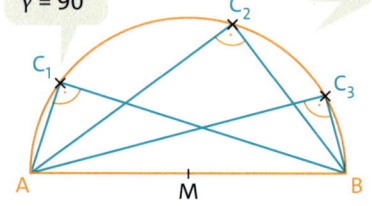

Mit dem Thales-Kreis kann man rechtwinklige Dreiecke konstruieren.

Beispiel 1 Konstruiere ein rechtwinkliges Dreieck mit c = 3 cm, b = 1 cm und $\gamma = 90°$.

Beschrifte die
Eckpunkte
A und B.

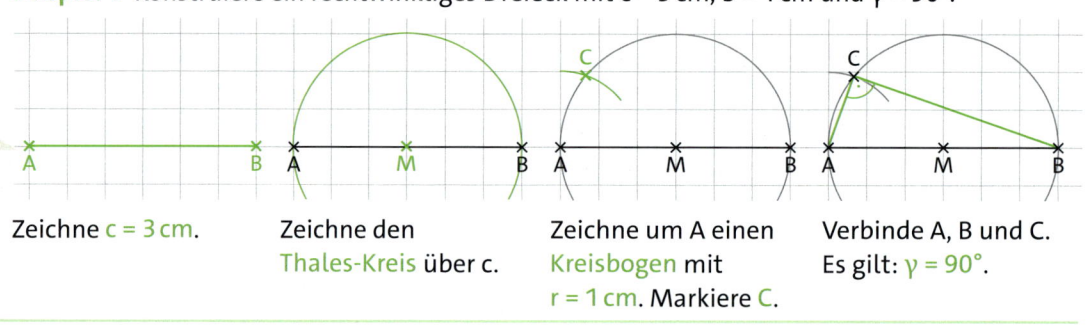

Zeichne c = 3 cm. | Zeichne den Thales-Kreis über c. | Zeichne um A einen Kreisbogen mit r = 1 cm. Markiere C. | Verbinde A, B und C. Es gilt: $\gamma = 90°$.

ANWENDEN

2 Wie groß sind die Winkel bei C_1 und C_2?
Begründe.

Tipp Was gilt für den Winkel γ, wenn C auf
dem Halbkreis über der Seite $\overline{AB}$ liegt?

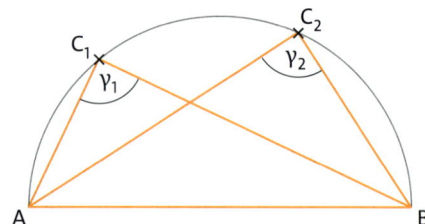

3 Wie groß ist der Winkel α?

Tipp Die Winkelsumme im Dreieck ist 180°.
γ ist ein rechter Winkel, also 90°.
$\alpha = 180° - 90° - 30° = ...$

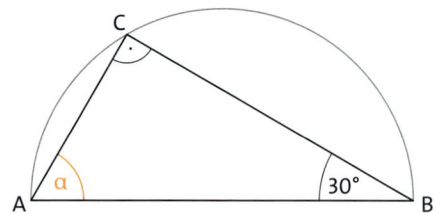

4 Zeichne einen Kreis mit r = 4 cm.
Zeichne den Durchmesser ein.
Zeichne ein rechtwinkliges Dreieck.

Tipp Der Durchmesser eines Kreises verläuft von der Kreislinie durch den Mittelpunkt.

5 Punkt C liegt auf dem Thaleskreis über $\overline{AB}$.
Wie groß ist α?
a) β = 60°
b) β = 45°

Tipp Die Winkelsumme im Dreieck ist 180°.
γ ist ein rechter Winkel, also 90°.
α = 180° − 90° − β = ...

6 Richtig oder falsch?
Begründe für Dreiecke ABC mit γ = 90°.

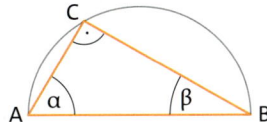

a) Das Dreieck ist rechtwinklig.
b) α + β = 90°
c) Das Dreieck kann gleichseitig sein.
   Tipp Eine Skizze kann dir helfen.
d) α ist kleiner als 90°.

Tipp zu a) Wann gilt der Satz des Thales?
zu b) Im Dreieck gilt: α + β + γ = 180°
zu c) Begründe zeichnerisch.
zu d) Was bleibt für β, wenn α = 90° groß ist?

7 Konstruiere das Dreieck ABC mit γ = 90°.
① Zeichne zuerst $\overline{AB}$ = 6 cm.
② Bestimme den Mittelpunkt von $\overline{AB}$.
③ Zeichne einen Halbkreis mit r = 3 cm.
④ Zeichne einen Kreisbogen um A mit
   r = b = 4 cm.

Tipp So sieht die Planfigur aus:

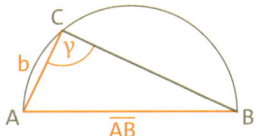

zu ④ Verbinde A und B mit dem Schnittpunkt C zum Dreieck ABC.

Methode **Rechtwinklige Dreiecke mit dynamischer Geometrie-Software konstruieren**

8 Kannst du die Größe von γ verändern?
a) Führe die Konstruktionsschritte aus:
   ① Zeichne eine Strecke $\overline{AB}$.
      Zeichne einen Halbkreis über $\overline{AB}$.
   ② Markiere einen Punkt C auf dem Halbkreis.
   ③ Verbinde die Punkte A, B und C zu einem Dreieck.
   ④ Miss γ.
b) Bewege C auf dem Halbkreis. Bewege A und B.
   Was stellst du fest?

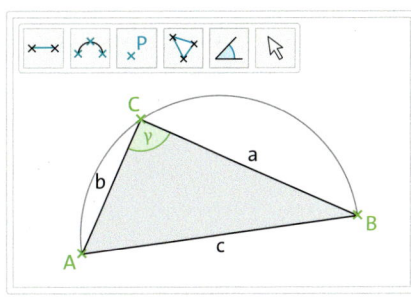

9 👥 Findet für jeden Schritt eine Begründung im **Beweis zum Satz des Thales**.
C liegt auf dem Thaleskreis über der Seite $\overline{AB}$.
① $\overline{AM} = \overline{CM}$, weil ▦
② α = $γ_1$, weil ▦
③ $\overline{CM} = \overline{MB}$, weil ▦
④ β = $γ_2$, weil ▦
⑤ α + β = $γ_1$ + $γ_2$ = γ, weil ▦
⑥ α + β + γ = 180°, weil ▦
⑦ γ + γ = 180°, weil ▦

Zeigt, dass
γ = 90° gilt.

Also gilt γ = 90°.

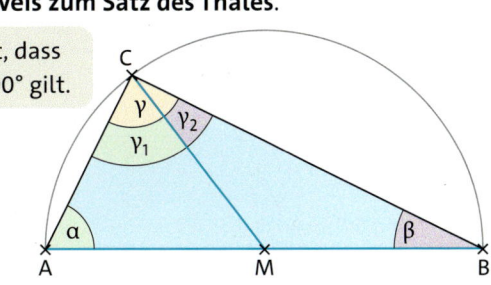

Bildverzeichnis

Titelbild: stock.adobe.com/wealthy99
Illustrationen: Raimo Bergt
Technische Zeichnung: Christian Böhning

Fotos:
6 stock.adobe.com/wealthy99
10/mi. stock.adobe.com/MissesJones
11/un.li. Shutterstock.com/kryzhov
30 stock.adobe.com/Sasa Kadrijevic
41/un.mi. stock.adobe.com/Andrey Popov
64 mauritius images/alamy stock photo/Mira
94 stock.adobe.com/offstocker
104/mi.li. stock.adobe.com/Tatiana
104/mi.mi stock.adobe.com/Tim UR
107/ob.li stock.adobe.com/Stojanovic Milos/shime
111 Shutterstock.com/Eva Kali
124 Shutterstock.com/vetre
142/ob.re. stock.adobe.com/Wim Lanclus/Creatus
154 Deutsche Bahn AG / DB Vertrieb GmbH
171 stock.adobe.com/Rob hyrons
184 interfoto e.k./HERMANN HISTORICA
187/ob. Deutsche Bundesbank/Heinz Hoyer/Sneschana Russewa-Hoyer
187/un.mi. stock.adobe.com/picsfive
187/ob.mi. stock.adobe.com/devulderj
190/mi. Shutterstock.com/Holly Kuchera
192/ob.mi.re. Shutterstock.com/Suri Sharma
198/un.li. Shutterstock.com/Vectorpocket
199/ob.re. Shutterstock.com/robin clouet
199/mi. stock.adobe.com/ultrapro
208 stock.adobe.com/by-studio